삶의 이유 ②

한 달 묵상

세움북스 는 기독교 가치관으로 교회와 성도를 건강하게 세우는 바른 책을 만들어 갑니다.

삶의 이유 2 한 달 묵상

잃어버린 공동체를
회복하는 청년 묵상

초판 1쇄 발행 2021년 12월 25일
초판 2쇄 발행 2022년 3월 25일

지은이 | 박길웅
펴낸이 | 강인구

펴낸곳 | 세움북스
등   록 | 제2014-000144호
주   소 | 서울특별시 서대문구 연희로 160 3층 연희회관 302호
전   화 | 02-3144-3500
팩   스 | 02-6008-5712
이메일 | cdgn@daum.net

교   정 | 이윤경
디자인 | 참디자인
일러스트 | 안정은

ISBN 979-11-91715-14-9 (03230)

삶의 이유

이유

2

한 달 묵상

박길웅 지음
Rachel 그림

**잃어버린 공동체를
회복하는 청년 묵상**

세움북스

Contents

목차

Introduction
들어가는 글

'코로나'라는 거대한 벽 앞에 한없이 무너져 내리는 한국 교회와 사랑하는 성도들의 모습을 가장 가까이서 지켜보았습니다. 뚜렷한 해답을 찾지 못한 채 그저 견디며 버티는 우리의 일상에, 저 역시 할 수 있는 것이 없어 같이 눈물을 훔칠 뿐이었습니다.

한 해가 가고 다시 반복되는 이 전염병 앞에서 이제 우리는 주저하고 뒷걸음질만 칠 것이 아니라 보다 적극적이고 선제적으로 움직여야 할 때가 되었다고 생각합니다. 코로나로 인해 우리가 결정적으로 잃어버린 것은, 바로 '공동체'입니다. 그리스도를 머리로 하고 그의 몸을 이루는 각 지체인 우리가 모이지 못하고, 나누지 못함에 따라 우리의 공동체적 신앙은 그 빛을 서서히 잃어 가기 시작했습니다.

청년부 사역을 하면서 무엇보다도 함께 들은 말씀을 곱씹으며, 나눔의 교제를 하는 것이 필요하고 중요하다는 사실을 피부로 느꼈습니다. 그래서 많은 고민을 하다 《삶의 이유》 두 번째 책을 준비하며 '나눌 수 있는 책'을 만들었습니다. 이 책을 통해 개인의 신앙을 돌아보는 동시에 함께 읽는 자들의 경건생활을 점검하며 세워 줄 수 있도록 나눔의 장을 마련했습니다.

코로나로 인하여 신음하고 있는 한국 교회와 사랑하는 청년들에게, 이 책이 단비와 같이 우리의 갈급함을 해갈해 줄 수 있는 귀한 묵상 나눔이 되기를 소망합니다. 기독교의 신앙은 함께할 때 자라게 됩니다. '서로 나눌 때' 참 의미를 발견할 수 있습니다.

이 책을 다시 한번 집필할 수 있도록 좋은 기회를 주시고 용기를 북돋아 주신 세움북스 강인구 대표님을 비롯한 출판사 식구들과 언제나 진리의 길에서 이탈하지 않도록 영적으로 잡아 주시는 송태근 담임목사님께 진심으로 감사를 드립니다. 언제나 물심양면(物心兩面)으로 사랑하는 아들을 위해 삶을 희생하신 어머니와 사위를 위해 항상 좋은 것들로 베풀어 주시길 원하시는 장모님, 또한 돕는 배필의 자리에서 조금도 부족함 없이 늘 풍성하게 채우는 사랑하는 아내와 '예수 그리스도의 심장으로 사모하는 무리인 2021년을 함께 보낸 사랑하는 삼일교회 2청5진의 모든 청년 지체들'에게 이 책을 바칩니다.

2021년 12월 어느 날
하나님의 크신 사랑을 입은자
박길웅

내가 이 책을 추천한 이유! 쉽다. 하지만 예리하며 묵직하게 다가온다. 짧다. 하지만 여운을 남기고 성찰을 얻는다. 짙다. 청년의 마음과 생각을. 좋다. 혼자 누려도 함께 나눠도.

총신대학교 신학대학원 실천신학 교수

김대혁

박길웅 목사는 끊임없이 소통하는 사역자이다. 그가 《삶의 이유》 두 번째 책을 통해 이 시대의 청년들에게 건네는 이야기는 어쩌면 그리 새롭고 놀라운 것은 아닐지도 모른다. 하지만 분명한 것은 박길웅 목사는 청년의 눈높이에서 그들이 납득할 수 있는 방식으로 소통한다. 수많은 신앙의 질문에 대해 그저 당위론적으로 "믿고 순종하라"는 식의 대답이 아닌 사소한 질문에도 겸손하게 답을 건네며, 그 과정 자체를 통해 예수를 닮은 모습을 손수 보여 준다. 이러한 태도에는 박길웅 목사의 따뜻한 인품이 묻어난다. 공감과 소통의 능력을 점점 잃어 가는 신앙인들이 이 책을 통해 우리에게 먼저 다가오시고 공감해 주신 그분의 은혜를 다시금 회복할 수 있기를 기대한다.

삼일교회 담임목사
송태근

《삶의 이유 2》는 우리에게 매일의 일상속에서 하나님의 마음을 비추어주는 책이다. 특별히 성경 말씀을 통해 주님께서 어떤 사람을 사용하시는지 두 눈으로 볼 수 있다. 하나님은 연약한 자를 사용하신다. 하나님은 고통을 경험하고 그 속에서 은혜를 발견하는 자, 그리고 진정으로 기도하는 우리를 사용하신다. 무엇보다 《삶의 이유 2》는 주님의 십자가 사랑을 통해 측량할 수 없는 은혜를 깨닫게 되는 책이다. 일상속에서 주님의 일하심을 배우고 경험하길 원하는 믿음의 사람들에게 꼭 추천하는 책이다.

주가 일하시네 , 찬양선교사
김브라이언

@ haeji

매일 말씀을 묵상하거나 주일 설교를 들어도 하나님의 말씀을 어떻게 내 일상에 '적용'할지, 하나님이 나에게 무엇을 말씀하시는지 와닿지 않을 때가 있다. 어디서부터 시작해야 할지 모르겠다면 '삶의 이유'를 좋은 시작점으로 건네고 싶다.

@ jjayoung

크고 작은 신앙 고민들을 말씀으로 바르게 돌파할 수 있도록 도와주는 책! 일상의 모든 순간을 믿음의 눈으로 바라볼 수 있게 도와준다.

@ 3_yoon_papa

많은 그리스도인들이 '하나님이 기뻐하시는 삶'이 무엇인지 고민한다. 이 묵상집의 안내를 따라가다 보면 미소 가득한 하나님의 얼굴을 보게 될 것이다.

@ jeonghollywood

가까운 거리에 놓여 있으며 가볍고 쉽게 읽을 수 있으나 결코 깊이가 얕지 않으며 경험해 보지 못한 통찰력으로 성경을 읽을 수 있도록 해 준다.

@ j_____j.oon

《삶의 이유》는 하나님과 말씀이 낯설고 멀게만 느껴지는 많은 이들에게 복음과 신앙이 우리 삶에 굉장히 밀접하게 있음을 자세하게 설명해 주는 책입니다. 저자인 박길웅 선교사는 말씀에 담겨져 있는 엑기스를 잘 풀어서 우리 삶에 찐하게 녹여 주는 좋은 선생님입니다. 이 책을 읽는 또 다른 독자들이 우리 곁에서 늘 동행하시는 임마누엘의 하나님을 경험하고 큰 힘을 얻는 통로가 되리라 확신합니다.

@ rimmmm_mm

삶을 살아가면서, 나의 우선순위가 하나님이 아닌 다른 것들로 채워질 때 나를 되돌아보게 해주는 글. 미쳐 깨닫지 못했던 나를 향한 하나님의 마음을 알게 해 주는 고마운 글. 좀더 하나님의 뜻을 알고 싶어지게 동기부여를 해 주는 글. 내가 삶을 살아가는 이유가 하나님임을 다시 한 번 깨닫게 해 주는 글.

@ yujini_92

세상에 무너져 있는 나의 연약한 모습을 보고 퇴근 후 조용히 읽었습니다. 나의 작은 생각에만 시선을 두지 않고 크신 하나님을 봅니다. 내가 살아내야 하는 이유를 다시 깨닫습니다.

@ ksang_hyuk

바쁜 현대 사회 속에서 하나님의 숨결을 느끼며 이 세상 속에서 내 스스로가 왜 필요하며, 살아가는 이유에 대한 방향성을 제시해 준다.

@ tpusgkx

마음이 무너질 때 습관적으로 인스타그램에 들어오면 제 마음을 누가 그대로 훔쳐본 것 같은 묵상이 올라와 있었어요. 위로와 힘이 되는 통로였기에 sns를 하지 않으시는 분들도 책으로 읽어 보시면 좋겠다는 생각이 들어요.

@ _jung_9

혹시 첫 번째 책을 읽어 보셨나요? 읽지 않았다고요? 아아, 상관 없습니다. 이 책을 읽으면 당장 첫 번째 책을 손에 쥐고 싶을테니.

@ flat_white_b

생활 속 그리스도인으로 살아가면서 이 방향이 맞는지 흔들릴 때마다 방향을 잡아 주는 묵상집.

하나님의 후회하심

하나님의 후회하심은 하나님의 선하시고 온전하신 뜻을
온전히 따라가지 못하는 인간의 연약하고 부족한 모습들에 대한
하나님의 '안타까움' 혹은 '아쉬움'에 대한 마음이다.

하나님도 후회하실까?

전지전능하시며 모든 것에서 완전하신 하나님께서 후회하신다는 말이 온전히 이해가 되지 않는다. 그러나 성경을 읽어보면 하나님의 후회하심에 대해 분명하게 기록하고 있다.

> 내가 사울을 왕으로 세운 것을 후회하노니 그가 돌이켜서 나를 따르지 아니하며 내 명령을 행하지 아니하였음이니라 하신지라 사무엘이 근심하여 온 밤을 여호와께 부르짖으니라
> _삼상 15:11

> 사무엘이 죽는 날까지 사울을 다시 가서 보지 아니하였으니 이는 그가 사울을 위하여 슬퍼함이었고 여호와께서는 사울을 이스라엘 왕으로 삼으신 것을 후회하셨더라_삼상 15:35

하나님은 사울을 왕으로 세우신 일에 대하여 '후회'하신다고 말씀하셨다. 그렇다면 여기서 말하는 '하나님의 후회'는 우리 인간이 가지는 '후회'와 같은 의미일까? 안타깝게도 단어가 같다고 해서 그 단어가 주는 의미나 깊이도 같은 것은 아니다. 하나님과 인간의 후회는 질적으로 차이가 있다.

먼저 인간의 후회는 '잘못한 일에 대해서 깨우치고 뉘우친다' 는 사전적 정의를 가진다. 이는 자신의 실수와 잘못에 대해 인정하는 행위이며, 이미 돌이킬 수 없는 어느 한 시점에 다다른 것을 나타낸다. 그러나 하나님의 후회는 인간의 후회와 다르다. 민수기에서는 하나님의 후회하심을 다르게 표현하고 있다.

> 하나님은 사람이 아니시니 거짓말을 하지 않으시고 인생이 아니시니 후회가 없으시도다 어찌 그 말씀하신 바를 행하지 않으시며 하신 말씀을 실행하지 않으시랴_민 23:19

민수기에서는 분명히 하나님은 후회하지 않으신다고 말씀하셨다. 그러나 사무엘상에서는 사울을 왕으로 삼으심을 후회한다 말씀하셨다. 이것을 우리는 어떻게 받아들여야 하는가?

결론적으로 하나님은 후회하지 않으시는 분이다. 이는 하나님께서 자신의 잘못이나 실수를 인정하는 후회를 하지 않으신다는 의미이다. 다시 말하면, 하나님은 자신이 하시는 일에서 그어떤 잘못이나 실수를 하지 않으신다는 말과도 같다.

하나님의 후회하심은 하나님의 선하시고 온전하신 뜻을 온전히 따라가지 못하는 인간의 연약하고 부족한 모습들에 대한 하나님의 '안타까움' 혹은 '아쉬움'에 대한 마음이다. 말 그대로 사울을 왕으로 세우심에 대한 자책이나 잘못을 인정하는 태도가 아니라는 사실이다. 하나님의 후회하심은 자비와 긍휼이 기반된 '사랑'이다. 오늘도 여전히 우리의 삶 가운데 하나님의 뜻대로 살아가지 못하는 우리를 바라보시며 안타까워하시고 아파하시는 하나님의 사랑을 느끼며 살아가야 한다.

함께 나누는 묵상

Q 하나님이 나를 바라보시며 안타까워 하시고 아파하시는 부분이 있다면 무엇일까? 하나님의 마음을 흡족하게 하기 위해 내가 돌이켜야 하는 부분이 있다면 무엇인가?

Q 내가 속한 공동체의 연약한 점이 보이는가? 만약 그렇다면 이 연약함을 극복하기 위해서 우리 공동체는 어떤 자세를 가져야 하는가? 하나님의 사랑 안에서 부족함을 극복하는 방법을 함께 생각하고 나누어 보자.

함께 기도하기

나와 공동체를 향해 하나님께서 맡겨 주신 사명에, 하나님께서 마음 아파하시며 후회하시지 않도록 성실히 감당할 수 있는 지혜와 힘을 주소서.

나의 기도제목

하나님이 나와 같이
연약한 자를
사용하시는 이유

하나님은 우리 스스로가 무언가를 이루어 낼 수 있는

우리의 위대한 능력보다, 하나님의 도우심이 없이는

아무것도 할 수 없는 연약하고 무능한 자들을 더욱 원하신다스포츠 경기에서 감독이 선수를 선발할 때에는 '감독 기준에 맞는 선수'를 뽑는다. 예를 들면, 속도감을 높이는 경기를 원한다면 빠른 선수를, 디테일한 경기를 원한다면 섬세한 선수들을 뽑는 것처럼 말이다.

선수를 선발하고 기용하는 모든 전권은 감독에게 있으며, 그에 대한 책임과 결과 역시 당연히 감독이 진다. 따라서 어떠한 스타일의 경기를 구상하든, 감독은 자신이 생각하는 최고의 선수들을 선발하는 데는 이견이 없다.

만약 당신이 경기를 이끌어야 하는 감독이라면 어떤 선수들을 기용하겠는가? 혹은 선수를 선발하는 기준이 있다면 무엇인가? 아마도 당신은 여러 가지 기준들을 세워 가며 경기를 이기기 위해 당신의 '베스트 플레이어'를 선발하고 기용할 것이다.

그렇다면 우리 하나님께서 경기를 이끌어 가는 감독이 되신다면 어떤 선수들을 기용하실까? 세상 가운데 내보낼 당신의 선수들을 선발하신다면 그 기준은 무엇이겠는가?

많은 사람들이 착각하는 부분 중에 하나는 우리가 가진 최고의 '스펙'이 하나님께 쓰임 받는 최고의 방법이라고 생각한다는 것이다. 물론 우리가 가진 능력과 스펙이 쓰임 받을 때도 있다. 그러나 하나님은 우리의 훌륭함에 그다지 큰 관심이 있지 않으시다.

오히려 우리가 가진 스펙보다 감독의 요구와 명령에 얼마나 온전히 따를 수 있는가 하는 '순종'의 영역에 더욱 관심이 많으시다. 때로는 많은 사람들이 원하는 기준에 한참 못 미치는 사람들을 선발하기도 하신다. 그분의 제자들이 그랬고 나와 당신이 그렇다.

하나님은 우리 스스로가 무언가를 이루어 낼 수 있는 우리의 위대한 능력보다, 하나님의 도우심이 없이는 아무것도 할 수 없는 연약하고 무능한 자들을 더욱 원하신다. 왜 그러실까? 그 이유가 무엇일까? 그 답은 우리의 감독 되시는 하나님께서 우리들 스스로 경기하도록 내버려 두시는 분이 아니기 때문이다.

그분은 무능력하고 연약한 선수들에게 깊이 있게 간섭하기를 기뻐하신다. 그래서 선수들 개개인이 아니라, 선수들을 통해 감독이신 하나님이 더욱 드러나기를 원하신다. 우리가 철저하게 그분을 위하여 선발된 선수라는 사실을 기억한다면, 우리를 통해 그분이 드러나시는 일만큼 기쁜 일도 세상에 없다. 하나님이 나와 같이 연약한 자를 사용하시는 이유는 한 가지, 나를 통하여 그분이 온전히 드러나시기 때문이다.

함께 나누는 묵상

Q 내가 가진 최고의 장점과 스펙은 무엇인가? 하나님은 이를 보시며
어떤 생각을 하시겠는가?

Q 내가 속한 공동체 가운데 가장 연약한 자를 떠올려 보라. 하나님은
그를 어떤 마음으로 바라보실지 나누어 보자. 그 연약한 자들을 통
해 하나님이 드러내신 일이 있다면 찾아보고 이야기 해 보자.

함께 기도하기

우리의 능력을 자랑하며 살지 않게 하시고, 하나님의 능력을 의지하며
살아가는 연약한 자의 삶이 되게 하소서.

나의 기도제목

불공평하신 하나님

하나님의 불공평하심의 절정은 '십자가'임에 틀림이 없다.

그리스도가 아니라 바로 내가 달려야 했다.

하나님이 불공평하시다고 생각해 본 적이 있는가?

만약 우리가 믿는 하나님이 정말 불공평하신 분이라면, 지금까지 우리가 믿는 모든 신앙을 포기하고 버린다 할지라도 충분히 용납될 것이다. 그런데 놀랍게도 성경은 하나님의 '불공평하심'에 대해 기록을 하고 있다.

그동안 우리는 '공의로우신 하나님', '공평과 정의 그 자체이신 하나님'에 대해서 수없이 많이 듣고 배웠는데, 그런 하나님이 불공평하시다는 사실은 우리를 꽤나 불편하게 만든다.

먼저 하나님의 불공평하심은 출애굽기에서 발견할 수 있다. 모세를 향하여 말씀하신 하나님의 '자기 계시'는 다음과 같다.

> 여호와께서 그의 앞으로 지나시며 선포하시되 여호와라 여호와라 자비롭고 은혜롭고 노하기를 더디하고 인자와 진실이 많은 하나님이라_출 34:6

이뿐 아니라, 시편 103편 10절에는 더욱 충격적인 하나님의 불공평하심이 적나라하게 기록되어 있다.

> 우리의 죄를 따라 우리를 처벌하지는 아니하시며 우리의 죄
> 악을 따라 우리에게 그대로 갚지는 아니하셨으니_시 103:10

충격적이고 놀라운 사실이 아닌가? 공평하신 하나님께서 어찌 이렇게 행하실 수 있다는 말인가? 하나님은 정결하고 흠이 없으시기에 죄악과 함께 공존할 수 없는 분이시다. 그런데 그분은 왜 우리의 죄를 따라 그대로 다 처벌하지 아니하시고 우리의 죄악을 우리에게 다 그대로 갚아 주지 아니하신다는 말인가?

이 말씀을 깊이 있게 바라보면 우리는 소름이 끼치도록 놀라운 하나님의 사랑과 자비를 발견할 수 있다. 하나님께서 견디실 수 없는 우리의 모든 죄악과 흠을, 그보다 더 크신 은혜와 사랑으로 덮어 주시고 인내해 주신다는 사실이다. 그 사랑이 우리를 용서해 주시고 결국은 품어 주시는 자리까지 인도하셨다.

원래대로라면 지옥 불에 가장 먼저 던져져 영원한 고통 가운데 저주의 삶을 살아야 할 우리를, 그렇게 내버려 두지 아니하시고 친히 그 죄악에 대한 형벌을 독생자를 통해 감당하심으로 우리를 받아 주셨다. 이는 불공평하고 불공정한 일임에 틀림이 없다. 골고다 언덕의 십자가는 바로 우리의 것이었다.

그런 의미에서 바라본다면 하나님의 불공평하심의 절정은 '십자가'임에 틀림이 없다. 그리스도가 아니라 바로 내가 달려야 했다. 세상에 이런 불공평한 신이 있던가? 우리 기독교에서는 이렇게 불공평한 하나님의 행위를 '용서하심'이라 말한다. 아무리 생각해도 답이 없다. 죽어야 할 우리를 대신하여 자신의 생명을 내어 주시다니. 그분은 우리를 사랑하시기에 스스로 불공평하기로 작정하심이 분명하다.

함께 나누는 묵상

Q 하나님 앞에 범죄하였음에도 그분의 진한 용서를 받았던 경험이 있다면 나누어보자. 하나님께 용서를 받았을 때 나는 어떤 기분이 들었는가?

Q 하나님의 사랑을 받기에 충분하지 않은 사람들을 바라볼 때 어떤 마음이 드는가? 영적인 시기와 질투가 날 때 나는 어떻게 행동하는가? 그리고 그에 대한 하나님의 해결책은 무엇이라 생각하는가?

함께 기도하기

죽음으로 값을 치러야만 했던 우리의 죄에 대한 문제를 그리스도를 보내시는 십자가의 사랑으로 표현하신 하나님께 감사드립니다.

나의 기도제목

DAY 4

그러나, 은혜

고통과 아픔에만 집중할 것이 아니라,

'그러나, 은혜'를 부어 주실 하나님의 자비하심에

더욱 집중해야 할 때이다.

공회 앞에 선 스데반은 수많은 사람들 앞에서 그리스도에 대한 믿음에 대해 가감 없이 선포했다. 이것이 우리가 잘 알고 있는 사도행전 7장에 나오는 '스데반의 설교'이다. 그는 하나님께서 아브라함을 부르시는 장면에서부터 광야에 거하는 이스라엘 백성들의 모습까지 일목요연하게 '하나님의 역사하심'에 대해 나열했다.

그 가운데서 특별히 요셉이 애굽에 팔려 가는 장면에 대해 설명하던 스데반은 대비되는 두 이미지를 그려낸다. 먼저는 요셉이 형들의 시기로 인하여 애굽에 팔려 가는 비참한 상황이고, 또 다른 하나는 하나님이 함께하시는 것으로 사람의 인생에서 가장 복되고 영광스러운 상황이다.

한글 성경에는 번역이 되어 있지 않지만 ESV 영어 성경에는 하나님이 함께하신다는 말씀 앞에 'but'이라는 단어가 있다. 이를 함께 번역하여 해석하면 이런 의미가 된다.

> 여러 조상이 요셉을 시기하여 애굽에 팔았다. 그러나 하나님이 그와 함께하사_행 7:9

요셉이 애굽에 팔려감과 하나님이 함께하심이 'but'이라는 단어 하나로 전혀 다르게 연결되고 해석되어진다. 이 '그러나'라는 단어 하나가 붙어 함께 해석이 되면서, 요셉이 애굽 땅에서 겪었던 고난과 불행의 시간들이 결코 그 혼자만의 번뇌와 괴로움의 시간이 아니라는 사실이 증명이 된다.

요셉이 종으로 보디발 장군 집안의 허드렛일을 하는 그 순간과 감옥에서 억울한 누명을 쓰고 괴로움을 당하던 시간에만 하나님이 함께하신 것이 아니다. 그의 가장 극심한 고통과 괴로움의 시간뿐만 아니라 아버지의 품을 떠나 애굽 땅으로 팔려 가는 그 순간부터 하나님은 요셉의 모든 순간에 함께하셨다.

놀랍지 않은가? 우리가 고통당하는 시간에 하나님께 부르짖고 외치면 그분이 가까이 계시사 우리의 아픔을 보시고 부르짖음을 들으시며 함께 하신다는 사실은 익히 듣고 경험하여 잘 알고 있다. 그러나 아무 일도 일어나지 않고 우리 인생에서 굉장히 무미건조한 평범한 보통날에도 여전히 하나님이 우리와 동행하시고 함께하시는 은혜가 다시 한번 소름끼치게 감사하다.

우리의 인생에 예기치 못한 고난과 역경의 시간들이 다가올 때 지나치게 낙심하지 말아야 할 이유는, 우리의 비참한 인생 가운데 하나님은 언제나 'but'을 즐겨 쓰시며 우리와 함께하시기 때문이다.

이해되지 않는 우리의 삶 앞에 하나님은 but을 붙이사 그러나 더 큰 은혜를 부어 주신다. 고통과 아픔에만 집중할 것이 아니라, '그러나, 은혜'를 부어 주실 하나님의 자비하심에 더욱 집중해야 할 때이다.

함께 나누는 묵상

Q 내 삶에서 이해되지 않는 고통 가운데로 인도하시는 하나님의 손
길이 있었던 적이 있는가? 그때 내게 주셨던 하나님의 '그러나, 은
혜'는 무엇이었는가?

Q 최근 우리의 모임 가운데 있는 공동체적 어려움은 무엇인가? 하나
님께서 이 상황을 어떻게 반전시켜 주시기를 기대하는가?

함께 기도하기

우리에게 주어진 상황에만 몰두하여 문제보다 더 크게 역사하시는 하나님의 사랑의 손길을 놓치지 않게 하소서.

나의 기도제목

나의 문제보다
크신 하나님

다윗은 자신의 힘으로 원수 갚기를 구하지 아니하였다.
오히려 원수에 대한 하나님의 일하심을 간구한다.
"언제나 하나님은 나의 문제보다 크십니다."라고 고백해 보자.

시편 3편은 다윗이 그의 가장 사랑하고 아꼈던 아들 압살롬에게 생각지도 못한 역습을 당하여 피난길에 오른 때에 기록한 시다. 압살롬의 반역은 단순한 반란 정도가 아니라 아버지 다윗이 공들여 세운 나라를 전복하고 모든 것을 가로챘으며, 심지어 아버지의 목숨을 노리는 천인공노(天人共怒)할 일이었다.

우리가 만약 다윗과 같이 이러한 일을 겪었다면 어떤 마음이 들었을까? 당황스럽다는 생각보다는 '분노함'이나 '분개함'이 먼저 들었을 것이다. 인간적인 측면에서 본다면 '어찌 감히'라는 생각에서 자존심이 구겨졌을지도 모른다. 군대를 소집하여 즉각 대응하는 것도 일련의 방법이 될지는 모르겠으나, 다윗은 '하나님을 믿는 자들이 위기와 곤경에 처했을 때 취해야 하는 바른 자세'를 보여 주고 있다.

먼저 다윗은 인생에서 가장 큰 위기를 만났을 때 자신의 힘을 의지하지 아니하고 하나님 앞에 엎드렸다. 자신의 연약함과 부족함을 그대로 인정하고 대적이 많음을 고백한다. 이는 스스로 할 수 있는 일이 아무것도 없음을 인정하고 하나님의 도우심을 구하는 바른 자세이다. 다윗은 자신의 힘으로 원수 갚기를 구하지 아니하였다. 오히려 원수에 대한 하나님의 일하심을 간구한다.

모든 전세가 아들 압살롬에게로 넘어가고 생명만 건지기 위해 부리나케 도망치던 다윗이 왜 두렵지 않았겠는가? 만에 하나 무슨 일이라도 생긴다면 가장 먼저 위협받는 것은 자신의 목숨일텐데 왜 무섭지 않았겠는가? 그럼에도 다윗은 6절에서 이렇게 고백한다.

"천만인이 나를 에워싸 진을 칠지라도 두려워하지 않겠습니다."

이는 자신이 처한 환경과 상황을 무시하고 인정하지 않겠다는 의미가 아니다. 두렵지만, 무섭고 불안하지만, 자신이 처한 상황과 환경보다 더 크신 하나님에 대한 확신이 있음을 고백하는 것이다. "언제나 하나님은 나의 문제보다 크십니다." 라고 고백하는 것이다.

우리의 답은 오직 하나님께만 있다. 다윗은 이후 하나님의 복이 하나님의 백성들에게도 내리기를 기도했다. 다윗이 구했던 복은 잘 먹고 잘사는 세상의 복이 아니라 하나님의 구원하심이었다. 히브리어로 복이 '무릎 꿇다'는 의미를 가지고 있는 것을 볼 때, 진정한 복은 겸손하게 하나님 앞에 엎드릴 수 있는 마음이다.

어떠한 문제와 곤경이 우리의 삶 앞에 다가온다 할지라도 하나님의 복을 구하며 그 앞에 겸손히 엎드리는 바른 자세가 우리에게 여전히 필요하다.

함께 나누는 묵상

Q 살면서 나 스스로 해결할 수 없는 어려움을 만난 적이 있었는가? 그때 나는 어떻게 그 어려움을 극복해낼 수 있었는가?

Q 지금 우리의 공동체 가운데 직면한 가장 어려운 일은 무엇인가? 그리고 우리는 이 일들을 해결하기 위해 어떻게 하고 있는가? 하나님의 도우심을 구하는 기도를 함께 나누어 보자.

함께 기도하기

시마다 때마다 찾아오는 크고 작은 문제들이 우리의 마음을 어렵게 할 때, 겸손히 하나님 앞에 엎드려 하나님의 도우심을 구하는 겸손함을 우리에게 허락하여 주소서.

나의 기도제목

기도가 어려운
당신에게

기도가 잘 안된다고 해서 너무 걱정하거나 낙망하지 말 것은,

우리의 입술이 떨어지지 않고 마음이 답답해서 아무런 말도 입 밖으로

나오지 않을 때 '우리를 위하여 친히 말할 수 없는 탄식으로

끊임없이 간구하여 주시는 성령님'이 계시기 때문이다.

기도하는 데 있어서 어떤 형식이나 틀이 중요한 것은 아니다. 그래서 우리가 하나님 앞에 자유롭게 기도할 수 있다. 그러나 또 한편으로는 이런 의미에서 기도를 어떻게 해야 하는지 무척 난감하고 어려울 때도 있다.

기도의 필요성을 느끼지만 자유롭게 기도하기 어려운 사람들을 위한 아주 간단한 기도의 팁이 있다. 그렇지만 이것이 기도의 정답이 아니라 기도할 수 있도록 도움을 주는 하나의 작은 문이라고 생각하면 좋겠다.

엄지손가락을 펴고 다른 모든 손가락을 접어본다. 우리가 언제 엄지손가락을 치켜세우는가? 우리가 최고의 찬사를 표현할 때 엄지를 우뚝 세우지 않는가? 이처럼 우리의 기도의 첫 번째 자리에 최고의 왕이신 하나님을 높이는 찬양의 고백을 올려드리라.

'포인트 핑거'(Point finger)라 불리는 두 번째 집게손가락은 우리가 무언가를 가리킬 때 사용한다. 하나님을 찬양하고 높이는 기도를 마치고 나면, 마치 아이가 손가락으로 이것저것을 가리키듯이 우리의 삶에 하나님께서 주신 것들과 앞으로 주실 것들에 대한 감사의 고백을 올려드리라.

가운데 위치한 중지(中指)는 좋지 않은 의미이긴 하지만 우리가 분노할 때나 화가 날 때 표현하는 손가락으로 쓰인다. 찬양과 감사의 기도를 이어 그다음 우리의 기도는 옳지 못한 분노 혹은 하나님 앞에 범죄함에 대한 회개의 기도를 올려 드리는 것이 마땅하다.

네 번째 손가락은 다섯 손가락 중에서 가장 연약하고 의존적인 손가락이다. 그래서 결혼반지 또한 네 번째 손가락에 끼운다. 이는 서로의 도움을 통하여 아름다워지는 관계를 말한다. 이제 우리의 기도 역시 하나님의 도우심을 구하는 기도의 자리로 나아가야 한다. 우리의 간구와 하나님의 도우심을 구하는 요청의 기도가 바로 여기서 터져 나와야 한다.

마지막으로 새끼손가락은 주로 약속을 할 때 사용한다. 우리의 기도도 예수님의 이름으로 마무리되어야 한다. 이는 어떠한 암호나 주문이 아니라, 예수 그리스도의 이름에 담긴 놀라운 권세와 그 능력을 힘입어 기도한다는 의미를 가지고 있다. 주님의 뜻에 기대어 모든 것이 주님이 원하시는 대로 이루어지길 바라는 신앙이 담긴 고백이다.

기도에 정해진 형식과 법칙은 없다. 다만 우리가 기도하기 어려운 순간에 어떻게 기도해야 할지 모를 때, 그 순간만큼은 주일학교 어린이와 같이 이러한 순서들을 기억하며 기도해도 좋다.

그러나 기도가 잘 안된다고 해서 너무 걱정하거나 낙망하지 말 것은, 우리의 입술이 떨어지지 않고 마음이 답답해서 아무런 말도 입 밖으로 나오지 않을 때 '우리를 위하여 친히 말할 수 없는 탄식으로 끊임없이 간구하여 주시는 성령님'이 계시기 때문이다. 그가 당신을 위하여 쉬지 않고 기도하여 주고 계신다.

함께 나누는 묵상

Q 나는 언제 기도하기 어려운가? 왜 기도의 어려움을 느끼고 있다고 생각하는가?

Q 서로를 위한 기도제목과 그 상황을 함께 나누어 보자. 그리고 정해진 시간에 서로 나눈 기도제목을 가지고 꾸준하게 기도해 보자.

함께 기도하기

말할 수 없는 탄식으로 우리를 위하여 기도해 주시는 성령 하나님이 계시기에 오늘도 담대히 당신 앞으로 나아가 마음을 쏟아 놓습니다.

나의 기도제목

DAY 7

부스러기 은혜

오늘 우리에게 한 톨의 부스러기 은혜라도 떨어진다면,
우리의 삶은 완전히 달라지게 될 것이다.

유대인들은 자민족 우월주의에 빠져 살고 있었다. 오직 자신들만이 하나님께 선택을 받았다고 생각하는 일종의 '선민의식'도 그들에게는 매우 중요한 삶의 양식이었다. 따라서 그들에게 '이방인'의 존재란, '개만도 못한 부류의 사람들'에 불과했다. 식사를 함께 하는 겸상은 물론이거니와 그들과 어떠한 경우에도 '함께' 어울리지 않았다.

그러던 어느 날, 유대인이신 예수님은 수로보니게 여인을 만나셨다. 이 여인은 예수님 앞에 엎드려 자신을 철저히 낮추었다. 예수님은 단번에 그녀가 이방 여인임을 알아보셨고, 더러운 귀신들린 자신의 딸을 고쳐 달라는 그녀의 간절한 부탁을 야속하고 매몰차게 거절하셨다.

예수님은 왜 이 여인의 부탁을 거절하셨을까? 단순히 그녀가 이방인이라는 사실 때문이었을까? 전혀 아니다. 예수님에게는 그녀가 이방인이든 유대인이든 상관이 없었다. 다만 그녀의 중심 깊은 곳에 자리 잡은 '믿음'을 보시고 반응할 수 있도록 유도하신 특단의 조치였던 것이다.

이방인이라는 사실 자체가 상처였던 그녀에게 예수님은 "자녀의 떡을 떼어 개에게 던져 주는 것이 옳지 않다"며 인격적인 굴욕을 안기셨다. 아마도 많은 사람들이 이런 개 취급을 당한다면 상처를 받아 그 자리를 박차고 떠나거나 예수님을 향해 손가락질이나 욕을 하고 사라졌을 것이다.

그러나 여인의 마음 깊은 곳에는 개 취급을 당하건 돼지 취급을 당하건 상관이 없었다. 그녀는 어떤 자존심보다 지금 이 순간만큼은 귀신 들린 자신의 딸을 고치는 일이 가장 간절했을 뿐이다. 그래서 그녀는 예수님께 이렇게 고백했다.

"주여, 옳습니다. 당연히, 마땅히 그러셔야죠. 그러나 지극히 작은 개들도 주인의 상에서 떨어지는 부스러기를 먹지 않습니까? 개와 같은 저도 부스러기 은혜라면 족합니다."

주님은 바로 이 믿음을 원하셨다. '본질을 바라보는 믿음', '주님께 나아가면 해결될 것이라고 믿는 믿음', 그리고 주인의 상에서 떨어지는 부스러기라도, 주님께서 주시는 부스러기 은혜라도 자신의 딸을 고치고도 남기에 충분하다는 그 믿음 말이다.

수로보니게 여인이 구하던 부스러기 은혜를 보며 우리의 삶에 대한 태도를 다시 한번 생각해 보게 된다. 우리는 늘 사람들에게 어떤 대우를 받는가에, 얼마나 우리를 인정해 주는가에 대해 혈안되어 있지는 않았는가?

오늘 우리에게 한 톨의 부스러기 은혜라도 떨어진다면, 우리의 삶은 완전히 달라지게 될 것이다. 그동안 크고 화려했던 것들에 대한 관심에서 돌아서서 "주님이 떨어뜨려 주시는 부스러기 은혜라도 맛볼 수 있다면 나의 삶은 온전히 달라질 것입니다."라고 고백할 수 있는 나날들이 있기를 기도해 본다.

함께 나누는 묵상

Q 수로보니게 여인과 같이 누군가에게 심하게 무시당해 본 적이 있는가? 그때 나의 마음과 감정은 어떠했는가?

Q 우리 모임 가운데 차별대우를 받고 있는 자는 없는가 돌아보라. 또한 주님은 '나'라는 부스러기를 통하여 어떻게 이웃을 섬기고 돕는 은혜의 도구를 사용하실지에 대한 방법을 나누어 보자. 어떻게 쓰임 받기를 원하는가?

함께 기도하기

오늘도 부어 주시는 주님의 작은 은혜라도 나의 삶을 차고 넘치게 하는 풍족한 큰 역사가 있을 것을 기대하며 기도합니다.

나의 기도제목

당신이 빛나지 않아도
괜찮아요

우리는 스스로 빛을 내는 발광체가 아니라, 주님이 비추시는

빛을 받아 그대로 전달하는 반사체가 되어야 한다.

이제 당신이 스스로 빛나지 않아도 괜찮으니 주님을 바라보자.

빛나는 삶이란 무엇일까?

아마도 우리는 세상적인 성공, 즉 명예를 얻는 일에서 그의 삶이 빛난다고 말할 수 있을 것이다. 우리 모두의 삶에 빛을 내기 위해 오늘도 좋은 이력을 만들고, 경력을 쌓는다. 남들과는 다른 차별화되고 특화된 무언가를 바라보고 쫓아가며 살아간다.

그러다 보니 우리는 너무 지쳤다. 노력하고 애쓴만큼 빛이 나지 않을 뿐만 아니라, 취업과 좋은 스펙을 위해 우리의 온 젊음을 쏟아 붓는 것이 무의미해짐을 느낀다. 그러면서도 여전히 남들과 속도를 맞추지 못할 것만 같은 불안한 마음에 또다시 쳇바퀴 돌듯 스펙에 목말라 허덕인다.

우리 자신에게 묻고 싶다. '과연 이게 맞는 것일까?' 남들이 말하는 좋은 직장, 좋은 학교, 좋은 삶이 무엇이길래 우리는 이 젊음을 남들의 시선에 맞춰 살아가고 있는 것일까? 정말 빛이 나야 좋은 삶일까?

어떤 것이 정답이라고 말할 수 없다. 그러나 한 가지 확실한 것은 아무리 많은 것들을 성취하고 이루어 내도 우리 마음속 한편에 부족함이 느껴지는 이유는, 우리 마음에 채우고 채워도 채울 수 없는 공간이 분명히 존재하고 있기 때문이다.

그러나 주님은 우리가 스스로 빛을 내기 위해 온 인생을 쏟아붓는 것을 원치 않으신다. 더 나아가 우리가 스스로 우리의 빛을 내기를 원치도 않으신다. 오히려 우리의 빛이 아니라 주님의 빛을 발견하기를 원하신다. 참 빛은 오직 주님에게만 있기 때문이다. 주님의 빛이 우리에게 비추일 때, 그제서야 우리는 빛날 수 있다.

그동안은 우리가 스스로 빛을 내려 했기에 지쳤고, 우리 스스로가 빛에 대한 주도권을 가지려 했기 때문에 삶이 버겁고 힘겨웠던 것이다.

기억하자. 우리는 스스로 빛을 내는 발광체가 아니라, 주님이 비추시는 빛을 받아 그대로 전달하는 반사체가 되어야 한다.

나의 빛이 아니라 주님의 빛이다. 우리 자신을 드러내기 위해 너무 애쓰지 말자. 주님을 드러내고 주님을 자랑할 때, 바로 그때가 우리가 진정으로 빛나는 때이다. 이제 당신이 스스로 빛나지 않아도 괜찮으니 주님을 바라보자.

함께 나누는 묵상

Q 나의 삶 가운데 성취하고 싶은 가장 큰 목표는 무엇인가? 또한 사람들에게 인정받고 싶은 부분이 있다면 무엇이 있는지 나누어 보자.

Q '하나님은 발광체요 나는 반사체'라는 말을 어떻게 이해하고 있는지 함께 나누어 보자. 세상 가운데 하나님의 빛을 비추며 살아가는 삶의 방법에 대해서도 고민하며 나누어 보자.

함께 기도하기

스스로를 드러내기 위해 부단히 애쓰며 노력해 왔던 지난 시간을 회개
하오니, 주님을 더욱 의지하며 주님께만 기대어 살게 하소서.

나의 기도제목

복음을 맛보다

복음의 기쁨은 결코 혼자 감출 수 있는 것이 아니다.

그래서 복음을 맛본 자는 결코 혼자만 그 감격을 누릴 수 없다.

요한복음 4장에는 수가성에 사는 한 여인이 나온다. 이 여인은 어찌된 일인지 유대에서 가장 더운 시간 중 하나인 정오에 물을 얻기 위해 우물가로 나왔다. 때마침 우물가에서 예수님을 만나게 되고 대화를 나눈다. 아무것도 모른 채 자신의 생각을 나누는 여인과 모든 것을 알고 계시는 예수님의 대화 가운데 범상치 않은 기운이 느껴진다.

예수님은 여인의 개인사와 가정의 모든 일들까지 속속들이 알고 계셨고, 갈급해 하고 목말라하던 참된 예배에 대한 부분들도 친절하게 알려 주셨다.

예수님과의 대화를 마친 여인은 곧바로 물동이를 내던지고 마을로 뛰어갔다. 그러고는 만나는 모든 사람들에게 자신이 참 메시아이신 예수 그리스도를 보았고 그를 만났다고 외치며 주체할 수 없는 기쁨의 감격을 전했다. 얼마 후 이 여인의 그리스도에 대한 고백을 통하여 동네의 많은 사람들이 예수를 그리스도로 받아들이는 놀라운 복음 전도의 현장이 펼쳐진다.

그러고 나서 많은 사람들은 직접 예수님을 만나기 위해 우물가로 나아왔다. 이어지는 예수님과의 대화에서 그들은 놀라운 진리를 발견하고 예수님께서 마을에 더 유하였다 가시기를 부탁한다. 여기서 우리는 마을 사람들의 놀라운 고백을 발견할 수 있다.

"지금까지는 우리가 이 여인의 말을 듣고 예수님을 그리스도로 받아들였습니다. 그러나 이제부터는 아닙니다. 우리가 직접 보고 듣고 체험하니 당신이 그리스도이신 줄 친히 알고 믿습니다."

수가성 여인은 복음을 맛본 자였다. 그녀가 예수님을 만나고 그리스도이심을 깨닫는 순간 감당할 수 없는 기쁨과 감격이 물밀듯 밀려왔다. 그녀는 그 자리에서 도저히 혼자 견딜 수 없어 마을로 뛰쳐 들어가 사람들에게 그리스도를 전했다.

복음을 맛본 자는 결코 혼자만 그 감격을 누릴 수 없다. 아주 재미있는 영화를 보거나 아주 맛이 있는 음식을 먹었을 때를 생각해 보라. 당신은 과연 혼자만 그 감격과 감동을 가지고 감추어 두는가, 아니면 사람들에게 자랑하며 그 기쁨과 즐거움을 나누며 추천을 하는가? 그리스도와 복음에 대해 여전히 주변에 나누지 못하고 있다면 나는 복음을 제대로 맛보았는가 한번 돌아보라. 복음의 기쁨은 결코 혼자 감출 수 있는 것이 아니다.

함께 나누는 묵상

Q 나는 일상 가운데 복음을 어떻게 전하며 살아가고 있는가? 가정, 학교, 직장, 공동체 등에서 하나님을 전하고 나눈 경험이 있다면 적어 보도록 하자.

Q 공동체 구성원들과 함께 '제일 좋아하는 음식'과 '인생 영화'가 무엇인지 그 이유와 함께 나누어 보자. 그리고 나에게 복음이란 무엇인지, 나에게 하나님은 어떠한 분이신지도 함께 나누어 보도록 하자.

함께 기도하기

은혜로 구원받은 이 놀라운 복음의 비밀을 만나는 모든 이에게, 그리고 삶의 모든 순간순간마다 전하고 나누며 살게 하소서.

나의 기도제목

DAY 10

인생의 브닌나를
만났을 때

한나는 인생의 대적을 만났을 때,

여호와 앞으로 나아가 무릎을 꿇고 기도했다.

엘가나에게는 두 명의 아내가 있었다. 하나는 우리가 너무도 잘 알고 있는 '한나'요, 다른 하나는 '브닌나'였다. 브닌나는 첩이었지만 자식들이 있었고, 한나는 본처였음에도 자녀가 하나도 없었다.

성경은 한나에게 자녀가 없는 이유를 "여호와께서 그에게 임신하지 못하게 하시니"(삼상 1:6)라고 설명한다. 그런데 문제는 남편 엘가나가 자신의 대를 이을 수 있는 자녀를 가진 '브닌나'가 아닌 '한나'를 더 사랑하는데서부터 출발하게 된다.

엘가나의 자녀들을 낳았음에도 남편의 사랑을 충분히 받지 못한 브닌나는 그런 한나가 못마땅할 뿐만 아니라 미움과 증오의 마음으로 가득 찼다. 그래서 한나를 의도적으로 괴롭히고 업신여기기 시작하는데, 성경은 브닌나를 가리켜 한나의 '대적'이라고 표현하기까지 한다. 브닌나가 아이가 없음에도 사랑을 받는 한나를 얼마나 괴롭히고 못살게 굴었는지, 그녀는 매일 눈물로 기도하며 가슴앓이를 하고 지냈다.

때때로 우리는 어려운 일을 당할 때, 혹은 우리를 괴롭히고 힘들게 하는 대적들을 만날 때 어떻게 하면 그에게 복수할까에 대해서만 생각하지는 않았는가? 기회만 주어진다면 엄청난 계획들을 세워 우리를 괴롭히는 그들을 철저하게 박살내는 통쾌한 복수를 상상하며 마음속으로 위안을 얻지 않았는가?

그러나 한나는 자기 인생의 대적을 만났을 때 자신의 힘으로 복수를 하거나 혹은 남편에게 전하여 원수 갚음을 요청하지 않았다. 오히려 한나는 인생의 대적을 만났을 때, 여호와 앞으로 나아가 무릎을 꿇고 기도했다.

영적 감각이 떨어진 엘리 제사장은 기도하는 한나에게 술 취하지 말고 포도주를 끊으라는 말을 한다(히브리적 표현으로 이는 '술을 네 안으로 쏟아 붓지 말라'이다). 그러자 한나는 엘리 제사장의 말을 언어유희로 받아친다.

"저는 술을 제 안으로 쏟아 부은 것이 아니라 오히려 제 안에 간절한 '마음'을 여호와 앞에 쏟아 부었습니다."

오늘 우리의 인생을 괴롭게 하는 '브닌나'를 만났을 때 우리는 어떤 자세를 취해야 할 것인가? 인간적인 복수와 원수 갚음으로 나아갈 것인가, 아니면 여호와 앞에 엎드려 마음을 쏟아부음으로 하나님 앞에 온전히 나아갈 것인가?

하나님 앞에 마음을 쏟아 붓고 기도했던 한나는 결국 여호와 하나님의 기억하심을 힘입어 자녀를 얻게 된다. 한나는 하나님의 기억하심으로 얻은 아들 사무엘을 다시금 하나님께 온전히 돌려드림으로 여호와의 사랑과 은혜를 그의 삶 가운데 기억하며 살기를 원했다. 인생 가운데 만나는 모든 문제들은 우리가 여호와 앞에 얼마나 엎드리는가에 따라 그 결과가 달라진다.

함께 나누는 묵상

Q 나를 괴롭히고 어렵게 만들었던 삶의 원수 혹은 대적이 있었는가? 그를 향한 솔직한 나의 마음과 불편한 감정들을 생각해 보고 정리하자. 그리고 어떻게 하면 그들을 용서할 수 있을지에 대해 기도해 보도록 하자.

Q 원수를 대하는 그리스도인의 바른 모습은 무엇인지 함께 나누어 보자. 용서가 되지 않고 여전히 미운 사람들을 품어 줄 수 있는 신앙적인 방법을 서로 권면하며 기도하자.

함께 기도하기

우리 마음에 여전히 응어리진 누군가를 미워하는 마음이, 우리를 용서하신 하나님의 마음을 닮아 용서할 수 있는 자리에 설 수 있도록 언제나 우리를 도우소서.

나의 기도제목

DAY 11

선한 목자

우리가 귀 기울여야 할 소리는 세상의 소리가 아닌

목자 되신 주님의 소리다. 아무리 우리가 세상의 소리에 귀를 기울이며

순종한다 할지라도, 세상은 결코 우리를 책임져 주지 않는다.

알려진 대로 양은 시력이 매우 좋지 않은 동물이다. 대신 '청력'이 극도로 민감하게 발달했다. 그래서 양은 자기 목자의 음성을 기가 막히게 분별한다. 뿐만 아니라 모든 동물들 중에서 가장 수동적이고 의존적인 동물이다. 그들을 이끌어 줄 목자가 없으면 스스로 생존하기 힘들 정도로 연약하다. 그래서 그들의 삶에는 반드시 '목자'가 필요하다.

주님은 우리의 '선한 목자'가 되어 주신다. 여기서 선한 목자는 단순히 착하다는 의미를 뜻하지 않는다. 주님이 말씀하신 선한 목자의 참 의미는 양들을 위하여 자신의 목숨을 내어 줄 수 있을 정도의 생명을 담은 사랑이 있는 목자를 말한다. 아무리 양이 귀하다 할지라도 사람이 양을 위하여 자신의 목숨을 내어 놓는 일은 매우 비상식적이다.

그런데 주님은 자신이 친히 선한 목자가 되어 그의 양인 우리를 위해 자신의 목숨을 내어 주셨다. 사람과 양은 차원이 다른 존재이다. 살아 있다는 공통점을 제외하고는 비교대상으로 삼을 수 없을만큼 큰 차이가 있다.

그러나 창조주이신 하나님과 피조물인 우리의 관계는 사람과 양이 주는 간극보다 훨씬 더 크다. 그런 우리를 위하여 주님은 친히 목숨을 내어 주시는 최고의 목자가 되어 주셨고, 측량할 수 없는 사랑으로 우리를 대해 주셨다. 그렇다면 생명을 선물로 받은 양인 우리는 하나님 앞에 어떤 자세를 가지며 살아가야 하는 것일까?

성경은 말한다. "양들이 그의 음성을 아는 고로 따라오되 타인의 음성은 알지 못하는 고로 타인을 따르지 아니하고 도리어 도망하느니라"(요 10:4-5)

이는 우리의 삶에도 직관적으로 적용할 수 있다. '과연 우리는 우리를 위해 목숨을 버리신 목자의 음성에 귀를 잘 기울이고 있는가?', '우리를 부르시는 목자의 음성이 아닌 다른 소리에 민감하게 거부 반응을 보이며 멀리 도망치고 있는가?'

우리가 귀 기울여야 할 소리는 세상의 소리가 아닌 목자 되신 주님의 소리다. 아무리 우리가 세상의 소리에 귀를 기울이며 순종한다 할지라도, 세상은 결코 우리를 책임져 주지 않는다. 그러나 우리가 목자이신 주님의 음성에 민감하게 반응하며 순종할 때에는 자신의 목숨까지 내어 주시는 그 사랑 안에 온전히 거하며 누릴 수 있게 된다.

어느 소리에 귀를 기울여야 할 것인가? 이 두 가지 소리는 언제나 동시에 우리 가운데 들려온다. 너무도 쉽게 세상의 소리만 들리거나 선한 목자이신 주님의 소리만 들리지 않는다. 언제나 우리를 따스하게 부르시는 주님의 음성을 방해하기 위해, 세상의 소리는 끊임없이 우리를 혼동케 한다. 지금 우리가 처한 상황과 서 있는 바로 그곳에서 조용히 눈을 감고 선한 목자의 소리를 분별하여 온전히 따라가야 한다.

함께 나누는 묵상

Q 세상의 소리와 선한 목자 되신 주님의 소리를 구분하지 못하고 혼란스러웠던 때가 있었다면 떠올려 보자. 개인적으로 하나님의 소리와 하나님의 뜻을 분별하는 방법이 있다면 나누어 보자.

Q 지금 우리가 속한 공동체를 부르시는 선한 목자의 음성은 무엇을 향하여 나아가게 하는가? 이 공동체를 통하여 목자가 이루고자 하는 일이 무엇인지 함께 고민하며 찾아보자.

함께 기도하기

여전히 혼란스럽고 시끄러운 세상 가운데서 목자이신 주님의 음성에
민감하게 반응할 수 있는 영적 예민함을 우리에게 허락하여 주소서.

나의 기도제목

DAY 12

우리를 향하신
하나님의 뜻

먼저, 우리가 항상 기뻐하는 것이 하나님의 뜻이다.

둘째, 우리를 향하신 하나님의 뜻은 쉬지 않고 기도하는 것이다.

마지막으로, 범사에 감사하는 것이 우리를 향하신 하나님의 뜻이다.

우리는 신앙생활을 하며 '우리를 향하신 하나님의 뜻'을 찾고자 늘 갈급해 하고 궁금해한다. 그렇다면 성경은 우리를 향하신 하나님의 뜻에 대해 무어라 말하고 있을까? 데살로니가전서 5장 16-18절 말씀에는 우리를 향하신 하나님의 뜻이 너무도 정확하게 나타나 있다.

먼저, 우리가 항상 기뻐하는 것이 하나님의 뜻이다. 이를 더 자세히 들여다보면 우리가 기뻐할 때 하나님도 기뻐하신다는 더 큰 의미가 담겨 있다. 하나님은 누구보다 우리가 기뻐하길 원하신다. 기쁨은 하나님의 속성과 성품에도 중요한 자리를 차지한다. 그런데 한 가지 기억해야 할 것은 우리가 기뻐할 일이 있을 때만 기뻐하는 것이 아니라, 하나님의 말씀대로 '항상' 기뻐해야 한다는 것이다. 이는 환경과 상황을 뛰어넘는 기쁨을 말한다. 그렇다면 우리는 어떻게 환경과 상황을 뛰어넘어 기뻐할 수 있을까? 우리의 기쁨의 원천을 상황과 환경에 두지 않고 '하나님'에게만 둘 때, 모든 것을 초월하는 하나님으로 인한 기쁨을 누릴 수 있게 된다.

둘째, 우리를 향하신 하나님의 뜻은 쉬지 않고 기도하는 것이다. 이를 문자적으로 잘못 해석하면 물리적으로 24시간 내내 쉬지 않고 기도하라는 것이라 생각할 수도 있다. 그러나 이는 기도 시간을 의미하지 않는다. 쉬지 않고 기도하라는 하나님의 말씀은, 하나님께서 쉬지 않고 우리의 기도에 응답하실 준비가 되었다는 의미이다. 하나님은 우리의 기도에 응답하기를 기뻐하신다. 따라서 우리가 끊임없이 하나님을 찾으며 교제하는 매 순간의 기도에 우리의 기도보다 더 정확하고 필요에 맞게 응답하기를 원하신다.

마지막으로, 범사에 감사하는 것이 우리를 향하신 하나님의 뜻이다. 항상 기뻐해야 하는 것과 마찬가지로 '범사'에 감사하는 것은 우리의 인생사에 일어나는 모든 일 가운데서 감사해야 함을 이르고 있다. 감사는 마땅한 대우를 받았을 때 나오는 것이 아니다. 우리의 생각과 예상을 뛰어넘는 일들이 벌어질 때, 마음을 다하여 입술로 감사를 고백할 수 있다. 따라서 하나님께서 우리의 삶에 주시는 모든 상황들은 우리가 믿음을 통해 감사함으로 받을 수 있어야 한다. 설령 우리가 원하는 상황들이 아니라 할지라도 말이다.

결국 하나님이 우리에게 원하시는 뜻은 우리가 무엇이 되고, 무엇을 하는 세상적인 기준에만 머무는 것이 아니라 모든 상황, 모든 순간에서 하나님과 끊임없이 교제하고 관계를 가지는 하나님과 동행하는 삶이다.

함께 나누는 묵상

Ⓠ 하나님께서 나에게 주시는 삶의 기쁨은 어떤 것들이 있는가? 삶 가운데서 내가 기쁘고 즐거워하는 세 가지를 나누어 보자.

Ⓠ 지금 우리의 삶 가운데 감사할 수 없는 상황이 있다면 무엇인가? 감사가 고백되지 않는 상황에서도 하나님의 말씀을 따라 일을 이루실 하나님께 미리 감사를 고백하자.

함께 기도하기

우리를 향하신 하나님의 선하신 뜻대로 당신을 향한 기쁨과 감사의 기도가 언제나 끊이지 않게 하소서.

나의 기도제목

인스턴트 신앙

하나님은 보이지 않게 일하시는 자신의 모든 역사 가운데

우리 인간이 순전한 기다림으로

그의 뜻에 견뎌내기를 바라신다.

'패스트푸드'는 우리의 삶을 보다 간편하고 빠르게 바꿔 놓았다. 주문과 동시에 음식이 준비되며, 계산을 마치고 몇 분이 채 지나지 않아 원하는 음식을 먹을 수 있게 되었다. 바쁜 현대인들에게 패스트푸드는 그야말로 안성맞춤이다. 시간이 금이라는 생각에 사로잡힌 채 살아가는 우리는 '보다 빠르고 보다 편리한' 방법으로 시간을 아끼며 살아간다.

그러나 안타까운 현실은 우리가 늘 외치는 '빨리빨리'의 문화와 'fast life and fast food'의 문화가 우리의 '신앙의 영역'에도 스며들었다는 사실이다. 우리는 언제나 시간과 관련된 일들에 대해 조급하다. 기다림에 익숙하지 못하며 인내하지 못한다.

3분짜리 인스턴트 음식을 전자렌지에 돌려 놓고, 그새를 못참아 전자렌지 안을 들여다본다. 사람을 기다릴 때도 마찬가지다. 약속 시간에 조금만 늦으면 내 시간을 도둑질한 것으로여기며 불쾌하게 생각하고, 심한 경우에는 약속 장소에서 먼저 일어나는 경우도 종종 있다.

이처럼 우리는 기다림에 익숙하지 않다. 우리가 사는 시대가 우리를 이렇게 만들었다. 그러다 보니 우리 믿음의 영역에서도 하나님이 일하시는 방법인 '기다림과 인내'에 대해 견디지 못하며 불안해하는 경우가 너무나도 많다.

중요한 것은 하나님은 조급하지 않으시다는 사실이다. 우리는 주어진 시간에 맞춰 내가 생각하는 때에 하나님이 드라마틱하게 역사하시기를 바라지만, 하나님은 시간에 얽매이지 않고 역사하신다. 하나님은 시간을 창조하신 분이다. 그래서 그분은 과거에도 존재하시고 현재에도 존재하시며, 미래에도 현재형으로 존재하고 계신다.

'믿음과 신앙'은 3분간 전자렌지에 돌려 바로 먹을 수 있는 인스턴트 음식이 아니다. 찰나의 순간에 '짠'이나 '뿅'하고 나타나는 요술램프가 아니다. 때로는 무식하리만큼 끈질기게 기다리고 견뎌야 하는 인내의 열매가 바로 우리의 믿음이고 신앙이다.

하나님은 보이지 않게 일하시는 자신의 모든 역사 가운데 우리 인간이 순전한 기다림으로 그의 뜻에 견뎌 내기를 바라신다.

함께 나누는 묵상

Q 내가 가장 인내하고 견디기 힘든 상황은 언제인가? 기다리지 못하는 상황을 마주할 때 나는 어떻게 반응하는가?

Q 지금 우리 공동체에 하나님께서 인내하게 하시고 기다리게 하시는 일은 무엇인가? 하나님은 우리의 인내와 기다림을 통하여 무엇을 하기를 원하신다고 생각하는가?

함께 기도하기

인내와 기다림의 시간들이 우리의 삶을 무너뜨리는 것이 아니라, 하나님의 원대하신 뜻을 발견하는 도구임을 깨닫는 은혜를 허락하소서.

나의 기도제목

바꾸시는 하나님

상황과 사건에 관심이 많은 우리와는 다르게
하나님은 언제나 사람, 즉 '우리의 마음'에 관심이 있으시다.

하나님은 아무것도 없는 '무'에서 '유를 창조하신 것처럼, 당신이 원하시는 모든 것을 마음대로 바꾸실 수 있는 분이다. 때때로 우리의 신앙생활에는 이해하기 어렵고 납득하기 힘든 고통과 고난의 순간들이 불현듯 찾아온다.

하나님을 믿는 믿음이 있으면 이 세상을 살아가는 데 있어서 좀 더 나은 삶을 살아갈 수 있다고 생각한다. 뿐만 아니라 불신자들의 삶과 비교해 볼 때 더 괜찮은 삶을 살아내리라 기대하지만, 실제 우리의 현실은 그렇지 않다.

그래서 우리는 하나님께 기도한다. 우리가 처한 이 지옥 같은 현실 속에서, 아픔과 고통이 난무하는 시궁창 같은 상황 속에서 우리를 구해 주시고 환경을 바꾸어 주시도록 기도한다.

하나님은 확실히 바꾸시는 분이다. 그분이 원하기만 하신다면 얼마든지 우리를 아픔과 고통의 순간에서 건져 내시고 모든 상황을 바꿔 주신다. 그러나 아이러니하게도 하나님은 고통 속에 있는 우리의 상황과 환경을 바꾸시는 일에 큰 관심이 없는 듯 보인다.

하나님은 우리가 처한 상황과 환경을 바꾸시는 데 힘쓰시기
보다는, 오히려 그 상황과 환경 가운데 거하는 '우리의 마음'
을 바꾸는 데 더욱 주력하신다.

결국 하나님은 우리가 처한 상황이나 환경보다 우리의 마음의
중심에 더 많은 관심이 있으시다. 하나님께서 상황과 환경을
바꾸실 수 있음에도 여전히 상황이나 환경이 아닌 우리의 마
음에 집중하심은, 상황 자체만을 바꾸게 되면 또 다시 그러한
상황이 되었을 때 우리의 마음이 흔들리기 때문이다.

그러나 우리의 마음을 바꾸사 변하지 않는 환경 가운데 던지
시면, 우리가 어떠한 상황과 환경을 맞이한다 할지라도 우리
의 마음 자체가 흔들리지 않기 때문이다. 상황과 사건에 관심
이 많은 우리와는 다르게 하나님은 언제나 사람, 즉 '우리의 마
음'에 관심이 있으시다.

이제 우리의 기도가 달라져야 할 차례이다. 더 이상 상황과

환경을 바꿔 달라고 기도하지 말고, 어떠한 상황과 환경에 처한다 할지라도 하나님을 향한 우리의 중심이 달라지지 않기를 기도하자.

숨 가쁘게 변해 가는 세상 가운데서 여전히 변치 않으시는 하나님이 끊임없이 요동치는 상황과 환경 가운데서 변치 않는 우리의 '중심'을 원하신다.

함께 나누는 묵상

Q 하나님이 상황이 아니라 우리의 마음에 집중하신다는 말이 당신에게는 어떻게 다가오는가?

Q 지금 내가 바꾸고 싶은 상황과 환경은 무엇인가? 그 이유는 무엇인가? 은혜를 나누는 무리와 함께 우리의 현 상황과 지켜야 할 마음들이 있다면 함께 나누어 보자.

함께 기도하기

무릇 지킬만한 것보다 마음을 지키라는 주님의 말씀을 더욱 기억하며,
생명의 근원을 발견할 수 있는 은혜를 허락하여 주소서.

나의 기도제목

주 나를 부르실 때

한 사람을 불러 자신의 제자로 삼고 그의 스승이 되었다는 것은

제자로 부른 그의 인생을 '책임'지겠다는

'책임 있는 부르심'이라는 사실이다.

헬라 문화의 사상이 전 세계로 퍼져 나가던 당시, 제자들은 자신의 스승을 선택하여 고를 수 있었다. 사람들은 자신이 배우고자 하는 스승을 찾아가 가르침을 받거나, 닮고 싶은 선생님을 만나 그 밑에서 사사를 받는 경우가 대부분이었다.

그런데 어느 날, 혜성처럼 등장한 청년 '예수'는 바닷가에서 그물을 정리하고 있던 베드로에게 찾아오셨다. 그러고는 그를 향하여 "나를 따르라"는 한마디의 말로 그의 인생을 바꾸어 놓으셨다.

베드로를 제자로 부르신 예수님의 부르심은 매우 이례적인 일이었다. 스승을 선택하여 따르는 당시의 문화와 제도를 뒤집어 스승이 제자를 선택하여 부르는 '충격적인 부르심'이었다. 제자가 스승을 선택하여 따르는 일과 스승이 제자를 선택하여 부르는 일은 어떤 차이가 있는 것일까? 어차피 스승과 제자가 엮이기만 하면 되는 문제가 아니던가?

스승을 선택하여 따르는 제자와 제자를 선택하여 부르는 스승은 바로 '책임감'에서 차이가 있다.

만약 제자가 스승을 선택하여 따르던 도중 스승의 문제나 결함이 발견되어 수면 위로 드러났을 때 제자는 자신의 선택에 대한 책임을 스스로 져야 한다. 본인이 원했고 선택하여 따르는 스승이었기 때문이다.

그러나 반대로 한 사람을 불러 자신의 제자로 삼고 그의 스승이 되었다는 것은 제자로 부른 그의 인생을 '책임'지겠다는 '책임 있는 부르심'이라는 사실이다. 책임 있는 주님의 부르심에는 그 어떠한 조건이나 자격조건이 포함되어 있지 않다. 그가 어떠한 자이든 부르시는 주님에게 모든 초점이 맞춰져 있다. 부르심의 모든 진행 과정이 온전히 주님께 속해 있음을 보여주는 전형적인 모습이 베드로를 부르실 때 나타났다.

주님은 베드로를 사람 낚는 어부로 부르시며 자신의 제자로 삼고 그의 인생을 책임지셨다. 우리를 부르시는 주님의 부르심은 언제나 그렇다. 우리의 인생의 주도권을 요구하시는 대신 완전하게 인생을 책임지시는 능력이 있으시다. 오늘 그 주님이 또다시 우리를 부르신다.

"네 인생은 내가 책임질테니 너는 나를 따르라."

우리의 인생을 책임지길 원하시는 주님이 부르실 때 우리가 할 수 있는 반응은 오직 한 가지뿐이다. '부르심에 대한 온전한 순종'.

함께 나누는 묵상

Q 나에게 영향을 주었던 영적인 스승이나 멘토가 있다면, 그가 누구
인지 나누어 보고 어떤 면에서 좋은 영향을 미쳤는지에 대해서 이
야기해 보자.

Q 우리 공동체에 필요한 영적인 리더의 모습은 어떠한지 나누어 보
자. 그리고 우리의 참된 스승 되시는 그리스도 예수의 리더십의 특
징들을 적어 보자.

함께 기도하기

인생을 스스로 책임지려 애쓰기보다 우리를 부르신 주님의 책임 있는
부르심 앞에 겸손하게 순종함으로 나아가게 하소서.

나의 기도제목

하나님의 방법대로

하나님을 온전히 예배하며 섬기고 싶은 바른 마음이 있다면,

편하고 좋은 나만의 방법에서 벗어나

하나님이 우리에게 요구하시는 '하나님의 방법'에 순종하도록 하자.

다윗은 하나님의 임재를 상징하는 언약궤를 자신이 거주하고 있는 다윗성으로 옮겨 오길 원했다. 하나님을 사랑하는 마음이 누구보다 컸기 때문에 하나님의 궤 역시 온전히 모시고 싶었던 다윗의 순전하고 사랑스러운 마음이 여기에 고스란히 드러난다.

다윗은 하나님의 궤를 성으로 모시기 위해 새 수레를 제작하고 그에 합당한 인물인 웃사와 아효를 앞세운다. 웃사와 아효는 하나님의 궤를 새 수레에 싣고 다윗성을 향하여 소를 몰고 앞으로 나아갔다. 하나님의 궤를 다시 모실 수 있는 기쁨에 다윗과 온 이스라엘 백성들은 각종 악기를 연주하며 찬양으로 축제를 벌였다.

그런데 갑자기 나곤의 타작마당을 지날 때 소들이 날뛰기 시작했다. 이대로 가다간 귀하신 하나님의 궤가 땅바닥에 떨어져 부서질 판이었다. 급한 마음에 웃사는 하나님의 궤를 붙들었고 하나님은 당신의 언약궤를 함부로 붙든 웃사를 그 자리에서 치셨다.

이 소식을 전해 들은 다윗은 하나님을 향해 두려움을 느끼고 언약궤가 자신의 성으로 들어오는 것을 마다하였다. 참으로 아이러니한 일이다. 누구보다도 하나님의 궤를 성 안으로 모시고 싶어 했던 다윗에게 어찌하여 이런 일이 생겨나 모두에게 두려운 마음을 가지게 하셨던 것일까?

모세오경과 여호수아서를 잘 읽어 보면 하나님의 궤는 수레에 싣는 것이 아니라 제사장들이 어깨에 메고 가야 했다. 이것이 하나님의 언약궤를 대하는 바른 자세이다. 그러나 다윗과 그의 백성들은 하나님의 방법이 아니라 자기 자신이 바라보기에 좋은 방법으로 하나님을 대했다.

모든 일에 가장 중요한 것은 그 마음의 동기이다. 그러나 바른 마음의 동기를 가지고 있다 하더라도 하나님께서 우리에게 요구하시는 방법들을 결코 가볍게 간과해서는 안 된다.

오늘날 우리들은 어떤 방법으로 하나님을 섬기고 있을까? 스스로 정해 놓은 나만의 방법으로 하나님을 섬기고 있지는 않았는가?

하나님을 온전히 예배하며 섬기고 싶은 바른 마음이 있다면,
편하고 좋은 나만의 방법에서 벗어나 하나님이 우리에게 요구
하시는 '하나님의 방법'에 순종하도록 하자.

함께 나누는 묵상

Q 하나님의 뜻과 다른 나의 뜻대로 일을 추진하다 하나님과 충돌한
적이 있는가?

Q 중심과 형식이 균형 있게 갖춰진 예배를 드리기 위해서 우리 공동
체에 필요한 모습은 무엇일까?

함께 기도하기

삶의 모든 순간이 우리의 지혜와 경험으로 채워지는 것이 아니라 하나님의 방법으로 가득 채워지길 간절히 기도합니다.

나의 기도제목

내가
우상숭배자라고?

우상숭배는 하나님을 사랑하지 않는 것이 아니다.

하나님을 사랑하지만 그보다 더 사랑하는 대상을 만드는 것이다.

칼뱅(Jean Calvin)은 사람의 마음을 가리켜 '우상 공장'이라 말했다. 우상이 단순한 형태나 조각상을 말하는 것이 아니라 '우리가 예배하는 대상'이라고 전제한다면, 우리의 마음이 우상 공장이라고 했던 칼뱅의 말은 지극히 수용할 만하다.

"설마 내가 우상숭배를 했다고?"라고 말할 수도 있지만 우리가 인생을 통틀어 가장 사랑해야 하는 하나님의 자리에 하나님이 아닌 다른 대상을 놓고 그 마음을 주는 자체가 우상숭배가 될 확률이 충분히 높다는 말이다.

하나님께서 주신 약속의 자녀인 이삭을 사랑했던 아브라함은 결국 하나님의 자리에 이삭을 대신했고, 그를 '더 사랑'하므로 우상숭배를 저지르게 되었다.

아론과 이스라엘 백성들은 '자신을 위하여' 금으로 된 송아지를 만들어 그것을 하나님으로 여겼다. 그리고 금송아지를 향하여 열정적으로 예배하고 떡을 떼며, 축제를 벌였다. 그러나 방향성이 잘못된 열심은 결국 그들을 우상숭배자로 만들었다.

아나니아와 삽비라는 자신들이 땅을 팔아 얻은 돈을 '자신의 것'이라 생각하며 아까워하였고, 아무도 모르게 감추어 물질의 주인이 자신이라 하였다. 이는 모든 만물의 주인이신 하나님을 섬기지 못하고 물질을 섬기어 이를 우상으로 숭배하고 말았다.

야곱은 자신을 죽이려 달려오는 형 에서를 만나기 바로 직전에도 결국 '자기 자신을 위하여' 재산을 세 떼로 나누었다. 그리고 자신은 맨 뒤에 서서 살기 위하여 몸부림치는 모습을 보임으로 결국 모든 인생이 자기 자신을 위해 살아가는 삶의 주인이 '나'인 우상숭배를 저지르게 되었다.

이처럼 우상숭배는 우리의 삶 가운데 우리가 인식하지 못하도록 은근슬쩍 자리 잡아 하나님을 예배하지 못하게 만든다. 우상숭배는 하나님을 사랑하지 않는 것이 아니다. 하나님을 사랑하지만 그보다 더 사랑하는 대상을 만드는 것이다.

오늘 우리가 가장 사랑하는 대상은 무엇인가?

하나님만 사랑하는 것과 하나님도 사랑하는 것 사이에서 우리는 어느 편에 서 있는가?

하나님은 우리의 인생에서 가장 중요한 중심 자리에 유일하게 홀로 있고 싶어 하신다. 오늘 마땅히 드려야 할 최고의 사랑으로 하나님만을 사랑하기를 간절히 소망한다.

함께 나누는 묵상

Q 내 삶에서 가장 소중한 세 가지가 있다면 그것이 무엇인지 적어 보자.

Q 하나님보다 더 사랑했던 것들이 있다면 나누어 보고, 그것들보다
하나님을 더 사랑할 수 있는 방법을 찾아 서로 나누어 보자.

함께 기도하기

온전한 마음으로 삶의 가장 중심 자리에 여호와 하나님만을 모시고 사
랑하며 살아가게 하소서.

나의 기도제목

DAY 18

이때를 위함

하나님이 당신에게 허락하신 지금의 그 자리는,

어쩌면 하나님께서 당신을 통하여 이루고자 하시는

분명한 역사가 있다는 증거일지도 모른다.

성경 전체에서 '하나님'을 단 한 번도 언급하지 않은 구약의 에스더서. 여기에는 한 여인의 죽기를 각오한 믿음의 결단이 나라와 민족을 살리는 놀라운 결과를 만들어 낸다.

당시 세계 최강대국이었던 페르시아 제국의 아하수에로 왕은 자신의 명령에 불복종한 왕후 와스디를 폐위하고 나라 전체에서 가장 아름다운 처녀들을 모아 새 왕후를 삼기로 했다. 이때 전국에서 모인 수많은 사람들 중에 '에스더'가 왕의 눈에 들어 왕후가 된다.

에스더서에서는 '하나님'에 대한 언급이 없지만 모든 일들이 하나님의 은혜 가운데 섭리대로 진행되고 있음을 눈으로 확인할 수 있다. 세상적 관점으로 볼 때 부모 없이 고아로 자란 에스더는 가엾은 소녀였다. 삼촌 모르드개의 손에서 친딸과 같이 양육 받아 자란 것이 전부였다. 왕후가 될 후보자로 모인 전국 각지의 수많은 처녀들 가운데, 가문을 포함해 배경이 좋은 사람들이 얼마나 많았겠는가? 그러나 하나님께서는 유대 민족을 구원하기 위해 에스더를 왕의 눈에 들게 하셨고 결국 왕후가 되게 하셨다.

언제나 그렇듯 최고의 권력자 주위에는 아첨하며 자신의 이익을 위해 살아가는 비겁한 자들이 있다. 아하수에로 왕 곁에는 '하만'이라는 교만한 자가 있었는데, 그 나라 전체에서 왕 다음으로 높은 자리를 차지하는 데 혈안이 되어 있는 사람이었다.

모든 사람들이 그에게 고개를 숙여 절을 할 때 그에게 결코 머리 숙이지 않는 한 사람이 있었으니 그가 바로 에스더의 삼촌인 '모르드개'였다. 하만은 이를 분히 여기고 모르드개 한 사람 뿐 아니라 그의 민족인 유대사람 전체를 몰살하기로 계획하고 작정하였다.

이 소식을 전해 들은 모르드개는 가장 슬픈 일을 당할 때 입는 베옷을 입고 재를 온몸에 뒤집어쓴 후, 왕후 에스더에게 사람을 보내어 이 충격적인 사실을 알린다. 그러나 에스더는 모르드개의 기대와 달리 미적지근한 모습을 보이는 듯했다.

사실 제아무리 왕후라 할지라도 왕이 먼저 금 규를 내밀어 부르기 이전에 왕 앞에 나아가 먼저 말을 한다는 것은 사형에 해당하는 중죄를 범하는 것이기 때문에 조심스러워했던 것은 사실이다. 모르드개는 그런 에스더를 향하여 말을 한다.

"네가 왕후가 된 것은 다른 이유에서가 아니라 바로 '이때를 위함'이 아니더냐?"

모르드개의 이 말은 '하나님'이라는 단어를 직접 언급하지 않았음에도, 모든 세상 만사를 주관하시고 인도하시는 이가 분명히 있다는 것을 인정하는 고백이었다.

하나님이 당신에게 허락하신 지금의 그 자리는, 어쩌면 하나님께서 당신을 통하여 이루고자 하시는 분명한 역사가 있다는 증거일지도 모른다. 지금 당신의 그 자리는 그저 잘 먹고 잘 사는 인생의 성공을 위해서가 아닌, 하나님이 준비하시고 일하실 그때를 위함이 아닐까?

함께 나누는 묵상

Q 지금 내가 서 있는 이 자리에 오기까지 나는 얼마나 많은 노력을 기울였는가? 혹은 원하는 자리를 얻기 위해 얼마나 많은 노력을 기울이고 있는가?

Q 지역사회와 더 나아가 나라와 민족을 향해 하나님께서 우리 공동체를 통하여 준비하게 하시는 일은 무엇일까?

함께 기도하기

우리는 알 수 없으나 하나님께서 역사하시는 분명한 때를 위하여 오늘
이라는 순간을 잘 준비하며 살아 내게 하소서.

나의 기도제목

하나님의 뜻

하나님께서 우리에게 세상 가운데서

거룩한 구별을 요구하시는 이유는 간단하다.

우리를 부르신 그분이 거룩하시기 때문이다.

신앙생활을 하는 성도들이 가장 궁금해하고, 가장 알고 싶어 하는 것은 다름 아닌 '하나님의 뜻'이다. 기도를 통해 하나님의 뜻을 발견할 수 있다고 말하기도 하지만, 대부분은 우리의 생각과 바람이 하나님의 뜻과 혼동되어 잘못 오해하고 받아들일 때가 많다.

그러나 낙심하지 말 것은 우리가 하나님의 뜻을 알 수 있는 가장 확실한 방법이 존재한다는 사실이다.

> 하나님의 뜻은 이것이니 너희의 거룩함이라 곧 음란을 버리고 각각 거룩함과 존귀함으로 자기의 아내 대할 줄을 알고 하나님을 모르는 이방인과 같이 색욕을 따르지 말고 이 일에 분수를 넘어서 형제를 해하지 말라 이는 우리가 너희에게 미리 말하고 증언한 것과 같이 이 모든 일에 주께서 신원하여 주심이라 하나님이 우리를 부르심은 부정하게 하심이 아니요 거룩하게 하심이니 그러므로 저버리는 자는 사람을 저버림이 아니요 너희에게 그의 성령을 주신 하나님을 저버림이니라
> _살전 4:3-8

성경은 너무도 명확하게 하나님의 뜻이 무엇인지 밝히고 있

다. 물론 데살로니가전서 4장 3절 이외에도 '하나님의 뜻'이 명시되어 있고 발견할 수 있는 부분은 많다. 그러나 데살로니가전서를 통해 우리에게 알려 주시는 하나님의 뜻은 바로 '거룩함'이다.

그렇다면 성경이 말하는 거룩함은 무엇인가? 그것은 이방인들의 삶과 확연히 다른 구별됨이다. 여기서 이방인은 유대인과 그 외의 사람들을 말하는 것이 아니다. 바로 하나님의 말씀을 듣고 신뢰하며 믿고 살아가지 않는 불신자들을 가리킨다.

결국 이방인들의 원함과 구함은 하나님과 무관한 채로 자기 자신만의 유익을 구하는 데 집중되어 있다.

그러나 하나님은 우리가 하나님의 뜻에 합당하게 거룩한 삶을 살도록 부르셨다. 또한 거룩하게 구별되어 살지 않는 자들은 거룩한 삶을 살아내도록 부르신 이를 멸시하는 것이라고 성경은 말하고 있다.

하나님께서 우리에게 세상 가운데서 거룩한 구별을 요구하시

는 이유는 간단하다. 우리를 부르신 그분이 거룩하시기 때문
이다. 만약 당신이 하나님을 믿고 따르며 그 안에 거하는 삶
을 원한다면 반드시 구별된 삶을 살아내야만 한다.

> 나는 너희의 하나님이 되려고 너희를 애굽 땅에서 인도하여
> 낸 여호와라 내가 거룩하니 너희도 거룩할지어다_레 11:45

함께 나누는 묵상

Q 지금 나의 삶에서 하나님의 거룩하심을 닮아 세상과 구별된 부분
은 어떤 것이 있는가?

Q 세상의 공동체와 교회 공동체의 공통점과 차이점을 생각나는 대로
나누어 보고, 교회 공동체가 주는 장점을 이야기해 보자.

함께 기도하기

세상의 가치관을 따라 세속적으로 물들어가는 삶이 아니라, 하나님의 말씀을 기준 삼아 거룩하게 구별된 삶을 살게 하소서.

나의 기도제목

참된 위로

사람이 할 수 없는 진정한 위로는 오직 하나님으로부터 온다.

위로의 시작은 위로부터 온다.

주위에 마음이 힘든 사람이나 고통당하는 사람들을 보면 그들을 위로하고 싶은 마음이 든다. 그래서 어떤 말을 해 주어야 할까 고민하다가 이런저런 심리학적인 기법을 동원하여 최대한 좋은 말들과 공감을 통해 그들을 위로하고자 하는 우리의 마음을 전달한다.

그러나 어떤 사람들은 욥의 세 친구처럼 공감해 주고 위로해 주기보다는 무엇이 잘못되었고 어떻게 해야 하는지에 대한 잘잘못을 따지는 방식으로 고통당하는 자들을 더욱 괴롭게 만들기도 한다.

두 가지의 경우 모두 마음이 힘들고 괴로운 자들, 고통당하는 자들을 위로하고 함께하려는 마음을 전달하는 의도에서 출발하는 것은 동일하다. 이 모든 것이 고통당하고 마음이 어려운 자들을 '어떻게 위로해 주어야 하는가' 혹은 '내가 그들을 위해 무엇을 할 수 있을까'에서부터 시작되는 결과물들이다.

그러나 성경은 로마서 말씀을 통하여 진정으로 고통당하고 힘들어하는 자들을 향해 다음과 같이 행하라 말씀하신다.

| ··· 우는 자들과 함께 울라_롬 12:15b

그들을 위해 다른 어떤 기술이나 방법보다, 함께 울어주며 곁에 자리를 지켜주는 것이 가장 크고 힘 있는 위로가 된다. 왜냐하면 사람의 위로는 분명한 한계가 있기 때문이다. 우리가 알 수 있는 부분들보다 알 수 없는 부분들이 더 많기 때문이다.

사람이 할 수 없는 진정한 위로는 오직 하나님으로부터 온다.

| 우리의 모든 환난 중에서 우리를 위로하사 우리로 하여금 하나님께 받는 위로로써 모든 환난 중에 있는 자들을 능히 위로하게 하시는 이시로다_고후 1:4

이것이 참된 위로의 의미이다. 슬퍼할 때는 함께 울어주고, 아파할 때는 함께 아파하는 모습. 그리고 그 가운데서 유일한 위로와 소망이 되시는 주님을 바라볼 수 있도록 다독여주는 것. 마음을 만지시는 하나님께서 하나님의 때에 하나님의 방

법으로 상처받고 아픈 마음들을 위로하여 주신다. 위로의 시
작은 위로부터 온다.

함께 나누는 묵상

Q 살면서 기억에 남을만큼 위로받았던 적이 있는가? 어떤 위로를 받을 때 우리의 마음이 진정으로 위로받을 수 있는가?

Q 공동체 안에 위로가 필요한 사람이 있다면 떠올려 보자. 그에게 어떤 위로를 주어야 할까 함께 나누어 보고, 기도와 함께 그들을 위로할 수 있는 구체적인 방법을 적어 보자.

함께 기도하기

상한 마음을 위로하는 참된 위로자이신 예수 그리스도를 더욱 의지하
는 믿음을 우리에게 허락하소서.

나의 기도제목

DAY 21

신앙은 시간을
먹고 자란다

보이지 않아 답답해하는 남루한 그 시간들조차도

하나님의 손 안에서 묵묵히 익어 가는 과정이라는 사실을

잊어서는 안 된다. 기억하라. 신앙은 '시간'을 먹고 자란다.

당신이 인격적으로 하나님을 만났던 그때를 기억하는가? 가슴 뜨거워 밤잠 이루지 못하고 밤새 울며 하나님을 찾았던 그때를 말이다. 두 눈을 꼭 감고 간절한 마음으로 기도하면 어느새인가 시계는 한두 시간을 훌쩍 지나 있었던 그날의 경험들이 우리 각자에게 다양하게 있을 것이다.

무엇이든 다 할 수 있을 것 같고, 이런 믿음이라면 곧 주님을 만날 것만 같던 신앙의 뜨거움은 예수님을 삶의 구주로 받아들인 자들에게서 나타나는 전형적인 반응 중에 하나이다.

그러나 아이러니하게도 하나님은 그렇게 불타는 마음을 가진 사람들을 바로 사용하지 않으신다. 누구보다도 열정적이며 헌신적인 사람들임에도 불구하고, 하나님은 오히려 그들의 불타는 마음이 가라앉을 때까지 차분히 기다리고 또 기다리신다.

주위을 둘러보면 이렇게 급진적으로 하나님을 만났던 사람들은 대부분 잔에 막 따른 콜라 같은 신앙을 가지고 있다. 잔의 끝까지 부풀어 올라 가득찬 것처럼 보이지만, 거품이 빠지고 나면 절반 정도 밖에 차지 않은 콜라처럼 말이다. 우리가 처음 그리스도인으로 신분이 변화되어 열정과 열심이 앞서는 경우가 마치 콜라의 거품처럼 부풀어 올라 있는 상태와 같다.

주님을 처음 만난 바울도 그랬다. 자신의 모든 것을 다 버리고 주님을 쫓았던 베드로도 그랬다. 주님은 우리를 쓰시기에 전혀 조급하지 않으셨다. 우리가 빠르게 하나님의 일을 하는 것보다 그에 걸맞은 사람이 될 수 있도록 차분히 기다려 주셨다.

물론 설익은 겉절이 같은 신선함과 뜨거운 열정이 우리에게 필요하기는 하지만 이로 인해 일을 그르치는 경우가 더 많기도 하다. 하나님은 오히려 푹 익다 못해 신 김치가 되어 버린 것 같은 자들을 사용하신다. 내가 살아있음으로 일하는 것이 아니라 할 수 없음을 고백하는 그때 들어쓰시는 은혜를 하나님은 나타내길 원하신다.

보이지 않아 답답해하는 남루한 그 시간들조차도 하나님의 손 안에서 묵묵히 익어가는 과정이라는 사실을 잊어서는 안 된다.

하나님 안에서는 기다림도 하나님의 일이 된다. 달려나가기 위해 기다리며 준비되는 것, 이것은 하나님의 일을 하기 위해 부름 받은 모든 자들에게 반드시 필요한 과정이다.

기억하라. 신앙은 '시간'을 먹고 자란다.

함께 나누는 묵상

ⓠ 하나님을 인격적으로 만나 마음이 뜨거웠던 때가 기억나는가? 나는 그때 어떤 열정을 가지고 있었는가? 그 때의 기분과 감정을 다시 한번 떠올리며 나누어 보자.

ⓠ 뜨거운 열정을 가진 일꾼도 중요하지만 성숙하게 무르익은 일꾼이 공동체 안에 필요한 이유가 있다면 무엇인지 나누어 보자.

함께 기도하기

뜨거운 열정만으로 일하지 않게 하시고, 하나님과의 깊은 관계를 통해 우러나오는 진실함과 성숙함으로 주의 일을 감당하게 하소서.

나의 기도제목

위기는 당신의 믿음을
증명할 기회다

하나님이 당신의 곁에 계시기만 한다면, 우리의 모든 위기의 순간은

그분을 향한 믿음을 증명할 수 있는 가장 좋은 기회의 시간이다.

하나님이 당신과 함께 하시기에.

살아가면서 우리는 생각지도 못한 위기에 봉착할 때가 많다. 기대했던 일들이 무산되고 공들였던 일들이 어그러질 때, 우리는 상처받고 마음이 무너지는 일들을 경험하게 된다. 하나님께 열심히 기도했음에도 불구하고 모든 일이 수포로 돌아갈 때면, 의도치 않게 원망의 화살을 하나님께 돌린다.

하나님을 더 깊게 신뢰하고 의지할수록 기대에 대한 실망은 더욱 커져만 간다. 인생을 걸고 삶의 모든 순간을 다해 주님을 바라보는 것이 때로는 우리 삶에 더 큰 위험이 될 수도 있다.

모든 것이 무너져내려 더 이상 예배마저도 드리고 싶지 않을 때, 스스로 견고하다고 생각했던 믿음이 한순간 와르르 무너져 내릴 때, 그리고 하나님을 더 이상 찾거나 부르고 싶지 않을 때, 바로 그때가 일을 그르쳤을 때보다 더 큰 위기로 우리에게 다가온다.

한 발만 더 내딛으면 하나님을 떠날지도 모르는 그 자리에서,

조금만 더 지나면 하나님을 부정하고 싶어지는 그 자리에서, 역설적으로 우리는 진정한 믿음을 꽃피울 수 있는 기회를 얻을 수 있다.

사랑하는 아들을 향해 칼을 힘차게 내리치던 아브라함처럼, 시기와 질투로 죽음을 경험할 뻔했던 다윗처럼, 인생의 가장 무너지는 시기에 쏟아지는 모든 것을 받쳐 주시는 하나님의 손길을 발견할 수 있었다.

최악의 상황에도 하나님은 언제나 우리에게 최선이 되어 주셨다. 사방이 막혀 옥여쌈을 당하는 위기의 순간이 나와 함께하시는 하나님으로 인하여 다시 믿음의 자리로 나아가는 믿음의 기회가 된다.

기독교 신앙은 바로 그런 것이다. 꽃길을 기대하고 뛰어들었는데 정작 걸어가는 길은 메마르고 거친 광야길이었다. 그러나 뒤돌아보면 광야길을 걷는 것같이 괴로웠으나, 가장 행복하고 아름다운 꽃길이었음을 깨닫게 되는 것. 결국 하나님이 꽃길과 광야길을 걷게 하시며 우리에게 알려주기 원하시는 것은 당신이 우리와 함께 걷고 있다는 사실이다.

지나치게 절망하지 않아도 된다. 모든 것이 끝난 것처럼 오래 토록 주저앉지 않아도 괜찮다. 하나님이 당신의 곁에 계시기만 한다면, 우리의 모든 위기의 순간은 그분을 향한 믿음을 증명할 수 있는 가장 좋은 기회의 시간이다. 하나님이 당신과 함께 하시기에.

함께 나누는 묵상

Q 하나님을 떠나고 싶을 만큼 힘들었던 일을 경험한 적이 있었는가?

Q 그런 경험이 있을 때 하나님은 나를 어떻게 붙잡아 주셨는가? 혹은 어떻게 인도해 주시기를 바라는가? 나를 향하신 하나님에 대한 기대감을 서로 나누어 보자.

함께 기도하기

위기의 순간에 주저앉아 포기하지 않게 하시고, 믿음을 주시는 주님으로 인하여 우리의 믿음이 더욱 견고해지게 붙들어 주소서.

나의 기도제목

우선순위를
뒤집어라

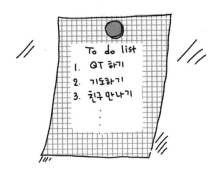

하나님 나라의 가치관으로
우리의 삶의 우선순위를 뒤집어야 한다.

하나님께서 우리에게 주신 십계명은 크게 두 부분으로 나누어 살펴볼 수 있다. 첫 번째에서 네 번째까지는 우리가 하나님을 향해 지켜 가야 하는 계명이다. 다섯 번째에서 마지막열 번째까지는 우리가 사람들을 향해 지키고 행해야 하는 이웃을 위한 계명들이 기록되어 있다. 그중에 다섯 번째 계명이자 사람을 향한 첫 번째 계명에는, '부모를 공경하라'는 말씀이 있다.

그런데 신약성경으로 넘어와 예수님께서는 복음서를 통해 이와는 상반되게 말씀을 하셨다.

> 내가 진실로 너희에게 이르노니 하나님의 나라를 위하여 집이나 아내나 형제나 부모나 자녀를 버린 자는 현세에 여러 배를 받고 내세에 영생을 받지 못할 자가 없느니라 하시니라_눅 18:29-30

이것이 무슨 의미일까? 부모를 공경하라고 말씀하신 십계명과 부모와 자녀를 버리고 떠나라는 복음서는 정말 서로 다른 말을 하고 있는 것일까?

결코 그렇지 않다. 성경은 절대로 상충되지 않는다. 인간의 이해나 상식의 선에서 모든 것을 해결하려 하기 때문에 가끔은 모순되고 어긋난 것처럼 보이기도 하지만, 성경의 가장 큰 특징 중에 하나는 메시지의 '통일성'이다.

우리는 자녀 된 자로서 부모에게 효도하고 공경하며 자식 된 도리를 다하는 것이 분명 성경적인 태도이다. 그러나 우리가 '하나님 나라'를 위해서 살아갈 때 진리와 부딪히게 되는 일들이 발생하게 되면, 그때는 과감하게 하나님 나라와 진리를 선택하는 것이 성경적인 태도라는 의미이다.

아무런 이유와 목적이 없이 부모와 가족을 떠나는 일이 아니라, 진리를 위해서 삶의 우선순위를 뒤집어야 한다는 것을 말한다. 인생 최고의 가치관이 가족과 안정에 머물러 있는 것이 아니라 오직 하나님과 하나님 나라에 있으며, 이를 위해서는 삶을 기꺼이 던질 수 있는 자세를 중요하게 여긴다는 뜻이다.

우리의 일상에서 부모와 가족에게 헌신을 하는 것은 지극히 당연하다. 그러나 그것이 전부가 아니며, 그보다 더 중요하게 인생을 걸어야 하는 최우선의 가치가 존재하고 있다는 사실을 말씀을 통하여 우리에게 알려 주고 계신 것이다.

하나님 나라의 가치관으로 우리의 삶의 우선순위를 뒤집어야 한다.

함께 나누는 묵상

Q 내 삶의 가치관은 무엇인가? 내 인생에서 최고 우선순위에 있는 것이 있다면 무엇인지 말해 보자.

Q 믿음을 지키기 위해 세상 가운데서 포기해야 하는 일들이 있다면 나에게는 어떠한 것이 있는지 나누어 보자.

함께 기도하기

세상 그 어떤 가치보다 언제나 하나님을 선택할 수 있는, 삶의 우선순위를 선택하는 용기를 날마다 우리에게 허락하여 주소서.

나의 기도제목

양에게 염소가
필요한 이유

우리는 볼 수 없지만, 하나님은 이미 보고 계신다.

우리는 스스로 해결할 수 없지만, 하나님은 모든 것이 가능하시다.

하나님은 누구보다 우리를 잘 아시며,

누구보다 우리를 명확하게 인도하는 분이시다'

하나님이 만드신 동물 중에 가장 수동적이고 의존적인 동물을 꼽으라면 단연 '양'이 으뜸일 것이다. 양은 시력이 좋지 않아 귀로 듣는 것에 매우 민감하게 반응한다. 그래서 양이 목자의 음성에 그렇게 세밀하게 반응하는 것이다. 또한 양은 습성 자체가 배가 부를 때까지 먹고, 배가 부르면 그 자리에 털썩 주저앉아 한도 끝도 없이 쉼을 가진다. 이런 성향 때문에 양은 운동량이 턱없이 부족하고, 이런 부족한 운동량은 결국 양의 건강을 해치게 된다.

그런데 놀랍게도 양의 울타리 안에 '염소'가 함께 생활하게 되면 이러한 문제들을 어느 정도 해결할 수 있다. 염소는 가만히 앉아 있는 양들을 자꾸 들이받는다. 때문에 양들은 공격하는 염소 때문에 본의 아니게 일어나 도망하게 되고, 이는 자연스러운 운동이 된다.

양에게 염소는 매우 불편하고 귀찮은 존재이지만, 염소가 존재하기에 양은 움직이게 되고 이러한 불편한 동거로 인하여 양은 건강을 유지할 수 있다.

우리 모두가 하나님의 양이라는 전제하에 세상에는 하나님이 곳곳에 심어 놓으신 염소가 있다는 사실을 잊어서는 안 된다. 끊임없이 우리를 불편하게 하고 끝도 없이 우리를 고통스럽게 하지만, 그들의 존재로 인하여 우리가 더욱 훈련되고 연단받으며 생명을 유지할 수 있는 기회를 얻게 된다.

그러나 하나님의 깊은 뜻을 모르는 우리는, 언제나 우리 삶 가운데 머리를 들이밀고 괴롭히는 염소를 제거해 달라고 기도한다. 이 상황만 벗어나길 간절히 두 손 모아 읊조린다.

이제 우리의 기도가 단순히 삶 가운데 존재하는 고통과 괴로움을 제거하는 데서 그치는 것이 아니라, 하나님이 경영하시는 세상 속에서 온전히 그 뜻을 발견하고 순종할 수 있도록 변화되어야 하지 않을까?

편안함만을 추구하는 우리의 삶에 하나님은 건강하고 균형 있는 삶을 허락하셨다. 우리는 볼 수 없지만, 하나님은 이미 보고 계신다. 우리는 스스로 해결할 수 없지만, 하나님은 모든 것이 가능하시다. 오늘도 우리는 마음속에 이런 고백을 외치며 하루를 살아내기를 간절히 기도한다.

'하나님은 누구보다 우리를 잘 아시며, 누구보다 우리를 명확하게 인도하는 분이시다.'

함께 나누는 묵상

Q 내 삶에 염소의 역할을 감당하고 있는 사람은 누구인가? 그 사람의 어떠한 점이 나를 불편하게 하는가?

Q 하나님은 내 삶의 염소와도 같은 그를 어떻게 바라보시리라 생각하는가? 그를 통하여 배우고 깨닫게 될 부분이 있다면 어떤 것일까?

함께 기도하기

우리의 상식과 이해로 납득이 가지 않는 상황들을 마주할 때에도, 선하신 하나님의 크신 계획을 볼 수 있는 눈을 열어 주소서.

나의 기도제목

DAY 25

하나님이
못하시는 일

잊지 말자. 우리가 하나님의 사랑을 받기에 합당한

가치 있는 존재가 아니라, 하나님의 영원한 사랑을 받기에

가치 있는 존재가 되었다는 사실을.

하나님은 전능하시다. 이 말은 하나님에게는 불가능한 일이 없다는 말이다. 우리는 우리의 힘으로 할 수 없는 불가능한 일들이 사방천지에 널려 있는 반면, 하나님은 계획하신 모든 것을 그의 선하신 뜻대로 다 이루신다. 즉, 하나님에게 불가능이란 결코 있을 수 없는 일이다.

그런데 가만히 성경을 읽으며 묵상을 하다 보니 '하나님이 못하시는 일'을 발견했다. 그것은 바로 죄악 가운데 신음하며 넘어지는 '우리를 사랑하시기를 멈추는 일'이다. 하나님은 우리를 사랑하심을 멈추실 수 없다.

교리적으로 이는 '성도의 견인'이라는 범주 안에서 하나님이 우리를 포기하지 않고 끝까지 사랑해 주시는 하나님의 '무조건적이고 영원한 사랑'을 말한다. 이는 우리의 자격이나 조건에 근거한 하나님의 사랑이 아니라, 그분의 신실하심과 능하신 주권에 의한 사랑을 나타내고 있다.

표현적으로는 하나님이 못하시는 일이 있다고 했지만, 더 근

본적이고 실제적인 내용은 우리를 사랑하시는 하나님의 사랑이 너무나 커서 우리의 모든 연약함과 실수에도 결코 포기하거나 사랑하기를 멈추지 않으신다는 의미이다.

우리의 사랑은 언제나 불완전하고, 조건적이며 유한하지만, 하나님의 사랑은 끝이 없다. 하나님의 사랑은 쉼이 없다.

> 너의 하나님 여호와가 너의 가운데에 계시니 그는 구원을 베푸실 전능자이시라 그가 너로 말미암아 기쁨을 이기지 못하시며 너를 잠잠히 사랑하시며 너로 말미암아 즐거이 부르며 기뻐하시리라 하리라_습 3:17

하나님께서 우리의 모습을 보실 때 하루에도 수천 수백 번 그 사랑을 거두시기에 마땅하나, 하나님은 우리를 사랑하기를 포기하지 않으셨다. 잊지 말자. 우리가 하나님의 사랑을 받기에 합당한 가치 있는 존재가 아니라, 하나님의 영원한 사랑을 받았기에 가치 있는 존재가 되었다는 사실을.

사랑은 허다한 허물을 덮는다는 말씀처럼, 하나님의 사랑이 우리의 연약함을 가리고 덮어 주셨다. 이제 우리 스스로에게 질문하며 답을 할 차례이다.

나는 하나님을 사랑하는가? 하나님을 사랑한다고 고백하면서 원망과 불평 속에 사로잡히진 않았는가? 때로는 사랑보다 미움이 더 컸던 적은 없었는가?

오늘도 하나님은 우리를 사랑하기를 멈추지 않으신다.

함께 나누는 묵상

Q 하나님의 사랑을 가장 깊이 있게 느꼈던 적이 있다면 언제인지 나누어 보고, 그 당시의 느낌을 설명해 보자.

Q 하나님이 나를 포기하지 않으신다고 느낄 때는 언제였는가? 또한 우리 공동체를 포기하지 않으시고 여전히 사랑해 주시는 하나님의 손길이 있었다면 언제인지 함께 나누어 보자.

함께 기도하기

사랑받을 만한 이유가 전혀 없음에도 불구하고 단 한순간도 우리를 사랑하시기를 멈추지 않으시는 하나님께 진심으로 감사하며 살게 하소서.

나의 기도제목

DAY 26

월요일의 그리스도인

우리는 '그리스도인'으로,

'일상을 살아가는 예배자'로, '하나님의 자녀'로 살아 내야 한다.

주일 저녁이 되면 다음 날 출근을 할 생각에, 혹은 학교나 다른 일과를 살아내야 하는 생각에 몸과 마음이 무척이나 무거워진다. 우리가 그리스도인이라고 해서 세상이 말하는 '월요병'이 자연스레 우리를 빗겨가는 것은 아니다. 우리도 똑같이 월요일 아침이 오는 것을 반기지 않고, 이불 속에서 5분만 더 누워 있길 원하며 눈을 뜨고 감기를 반복한다.

그러나 월요일 아침은 주일을 거룩하게 보낸 우리가 교회라는 울타리를 벗어나 일상으로 들어가는 가장 첫 시간이다.

첫 단추를 잘 꿰어야 한다는 말처럼, 주일을 잘 보냈다고 하는 말은 월요일부터 시작하는 한 주간의 삶에서 드러나야 한다. 주일에 교회 다녀왔다고 말하는 우리의 일상이 세상 사람들과 별반 차이가 없다면, 우리는 어떻게 그들에게 복음의 능력을 전할 수 있을까? 세상 사람들의 월요일과 우리의 월요일이 똑같이 무기력하고 피곤한 한 주의 시작이라면 어떻게 그들에게 선한 영향력을 흘려보낼 수 있을까?

물론 하나님께서는 안식일을 거룩히 지키라 하셨다. 그러나 또 다른 의미에서 우리가 접근을 해 보면, 1년 365일 중 중요하지 않은 날은 단 하루도 없다. 안식일은 우리가 하나님을 기억하여 그분께 온전히 집중하며 보내는 날이라면, 우리에게 주어진 6일은 일상 가운데 하나님을 사랑하며 보내는 마찬가지로 중요한 날이다. 하나님이 우리에게 주신 모든 날이 소중하다.

우리의 진정한 신앙생활은 주일에 교회에 가서 찬양하고 말씀을 듣고 기도하는 데서 나오지 않는다. 오히려 주일에 우리가 받은 은혜와 하나님의 거룩한 빛을 가지고 지극히 평범한 일상 가운데서 어두운 세상을 향하여 그 빛을 어떻게 비추며 살아가는가에서 우리의 신앙생활은 그 깊이와 진실함을 알 수 있다.

한 주의 시작이 되는 월요일 아침이 우리를 무거운 마음으로 보내도록 하지만 그럼에도 우리는 '그리스도인'으로, '일상을 살아가는 예배자'로, '하나님의 자녀'로 살아 내야 한다.

기억하자. 월요일은 주일에 받은 하나님의 은혜와 사랑을 세상에 전하는 첫 번째 단추가 되는 날임을. 당신의 출근길이 결코 헛되지 않았음을, 당신이 보내는 월요일의 일과가 무의미하지 않았음을 기억하며 몸으로 산 제사를 드리는 일상의 예배자. 월요일의 그리스도인이 되자.

함께 나누는 묵상

Ⓠ 한 주일 동안 가장 좋아하는 요일은 무슨 요일인가? 그 이유와 함께 나누어 보도록 하자.

Ⓠ 일상에서 그리스도인으로 살아 내기 위한 나만의 방법이 있다면 무엇인가?

함께 기도하기

우리에게 주신 모든 날이 소중함을 기억합니다. 하루하루를 그리스도
를 위하여 살아내는 일상의 그리스도인이 되게 하소서.

나의 기도제목

DAY 27

꿈은 꾸는 것이 아니라
꾸어지는 것이다

무엇이 되기 위하여 하나님을 이용하는 것이 아니라,

그저 하나님의 뜻이 하늘에서 이루어졌듯이

이 땅에서도 이루어지기를 기도해야 한다.

창세기 37장은 꿈꾸는 소년 '요셉'에 관한 이야기를 담고 있다. 요셉은 야곱이 가장 사랑하던 아내 '라헬'의 아들이었기 때문에 가장 큰 사랑을 받았다. 뿐만 아니라 다른 형제들과 비교해 보았을 때에도 분명히 그에게는 탁월한 부분이 있었다.

어느 날 요셉은 꿈을 꾸게 된다. 자신의 곡식단을 향해 절을 하는 형들의 곡식단에 관한 꿈과 해와 달과 열한 별이 마찬가지로 요셉에게 절을 하는 꿈이었다.

많은 사람들이 바로 이 장면을 가지고 '큰 꿈을 가져라', 혹은 '비전의 사람이 되라'는 말씀을 나누고 강의를 한다. 그러나 이는 본문을 심각하게 왜곡하는 행위이다. 요셉은 결코 애굽 땅의 총리가 되기 위해, 사회적인 지위와 성공을 이루기 위해 꿈을 꾸지 않았기 때문이다.

꿈은 내가 능동적으로 꾸는 것이 아니라, 수동적으로 꾸어지는 것이다.

이는 요셉을 통해 일을 하실 하나님의 큰 그림의 예표적 시작이었을 뿐, 요셉은 단 한 번도 애굽 땅의 총리가 되게 해 달라고 하나님 앞에 구한 적이 없었다.

요셉의 생애를 통하여 우리의 기도 역시 달라져야 한다. 무엇이 되기 위하여 하나님을 이용하는 것이 아니라, 그저 하나님의 뜻이 하늘에서 이루어졌듯이 이 땅에서도 이루어지기를 기도해야 한다. 필요하면 하나님께서 꿈꾸게 하시기 때문이다.

우리는 한 치 앞도 내다볼 수 없는 연약하고 제한된 존재들이다. 그러나 하나님은 우리의 시작과 끝을 훤히 들여다보신다. 하나님은 우리에게 무엇이 필요한지, 우리에게 무엇이 적합한지, 우리가 어느 곳에 있어야 할지 우리보다 하나님이 더잘 아신다.

하나님은 우리를 창조하신 창조주이시며, 동시에 우리의 인생을 이끌어 가시는 인도자이시다. 하나님의 인생 설계는 태초부터 지금까지 단 한 번도 실패한 적이 없다. 우리 눈에는실수인 것처럼 보이고, 돌이킬 수 없는 절망으로 다가온다 할지라도 하나님은 실수하지 않으신다. 우리의 모든 꿈은 하나님의 뜻하심에서부터 출발한다.

이 사실 하나만으로도 우리는 하나님을 온전히 붙들고, 그가 주시는 비전을 소망해야 할 이유가 충분해진다. 이제 우리 스스로 꿈꾸려 하지 말고 하나님이 꿈꾸게 하심을 기다리며 살아가자.

함께 나누는 묵상

Q 나의 어릴 적 꿈에 대해서 이야기해 보자. 그리고 나는 왜 그런 꿈을 갖게 되었는지도 살펴보자.

Q 하나님께서 앞으로 나에게 기대하시는 일은 무엇일까? 직업적 혹은 역할적인 부분으로 나누어 생각해 보자.

함께 기도하기

스스로 꿈꾸려는 자에서 하나님이 꿈꾸게 하시는 자로 살아가게 하소서. 우리의 힘을 의지하지 않게 하시고, 이끄시는 하나님께 온전히 순종하며 살기 원합니다.

나의 기도제목

DAY 28

돕는 배필

돕는 배필은 '그와 유사한 돕는 자' 또는

'그에 상응하는 자로 돕는 자'라는 의미를 가진다.

돕는 배필은 결코 상하의 수직적 관계를 의미하지 않는다.

> 여호와 하나님이 이르시되 사람이 혼자 사는 것이 좋지 아니하
> 니 내가 그를 위하여 돕는 배필을 지으리라 하시니라_창 2:18

하나님께서 자신의 형상을 닮은 아담을 지으시고 세상을 경영하고 다스리도록 사명을 주셨다. 아담은 하나님의 대리자로 왕권을 가지고 온 세상에 하나님의 뜻을 실현하는 통치자가 되었다.

그런데 수고로이 이 땅을 다스리는 아담을 바라보시는 하나님의 마음이 편치 않으셨다. 이 말은 하나님의 창조의 실패나 혹은 무능함을 말하는 것이 아니라, 아담을 향한 넘치는 사랑으로 창조주께서 긍휼히 바라보셨다는 의미이다.

우리는 흔히 돕는 배필이라고 하면 '남성을 돕는 여성' 혹은 '바깥 일을 하는 남편을 내조하는 아내' 정도로 생각하는 경향이 있다. 그러나 실은 그렇지 않다. 돕는 배필은 '그와 유사한 돕는 자' 또는 '그에 상응하는 자로 돕는 자'라는 의미를 가진다. 돕는 배필은 결코 상하의 수직적 관계를 의미하지 않는다.

우리의 삶에서도 한번 생각해 보자. 누가 도울 수 있는가? 더 능력 있는 자가 연약한 자를 돕는 것 아닌가? 더 강한 자가 약한 자를 돕는 것이 아닌가? 그렇다면 아담을 돕는 하와가 그에 상응하지 않는다면 과연 세상을 다스리고 통치하는 아담을 도울 수 있겠는가?

매튜 핸리(Matthew Henry)는 자신의 창세기 주석에서 여자에 대해 다음과 같이 이야기한다.

"여자는 남자를 능가하도록 그의 머리로부터 만들어진 것이 아니며, 그에 의해서 짓밟히도록 그의 발로부터 만들어진 것도 아니라, 그와 동등한 존재가 되도록 그의 옆구리로부터, 보호받도록 그의 팔 아래에서, 그리고 사랑받도록 그의 심장 가까이에서 만들어졌다."

돕는 배필은 나를 온전케 해 주는 존재이다. 돕는 배필은 상대를 온전케 해 주는 존재이다. 서로를 돕는 배필이 하나가 되어 이루는 가정은 하나님이 직접 세우신 최초의 신앙 공동체이다.

이제 우리 이렇게 기도하자. "하나님, 저를 도울 수 있는 좋은 배필을 보내 주세요."가 아니라, "하나님, 제가 당신의 마음으로 사랑하며 도울 수 있는 배필이 되겠습니다."라고 말이다.

함께 나누는 묵상

Q 내가 만나고 싶은 배우자는 어떠한 사람인가? (혹 배우자가 있는 경우라면 지금 나의 배우자에 대해 어떠한 사람인지 나누어 보자)

Q 하나님께서 나에게 돕는 배필을 통해 무엇을 채워 주시기를 원하시는지 나누어 보고, 나는 어떤 배필이 되어 상대를 채울 수 있는지에 대해 나누어 보자.

함께 기도하기

하나님이 준비하시고 계획하신 돕는 배필을 만나기까지 우리도 잘 준비된 배필이 되게 하여 주소서.

나의 기도제목

DAY 29

게으름에서
벗어나고 싶을 때

자신에게 주어진 기본적인 일상에 대한 게으름은

곧 하나님에 대한 영적인 게으름으로 이어지기 때문이었다.

불공평함이 가득해 보이는 이 세상에 발을 붙이고 살아가는 사람이라면, 누구에게나 공평하게 부여받은 것이 있는데 그것은 바로 '24시간'이라고 불리는 '하루'이다.

부자도 가난한 자도, 건강한 자도 병든 자도, 모두 하루에 24시간을 살아간다.

그러나 어떤 이들은 공평하게 주어진 하루라는 시간을 정성껏 관리하여 성실하게 보내는 반면, 어떤 이들은 시간에 대한 마음 없이 흘러가는 대로 세월아 네월아 게으르게 보내기도 한다.

성경은 우리에게 '절대로' 게으르지 말 것을 경고한다. 쉼을 가지지 말라는 의미가 아니라, 일상이 무너지는 게으름에 지지 말라는 것을 뜻한다. 데살로니가교회에는 잘못된 종말론을 받아들인 사람들로부터 게으른 생활을 하는 것이 사람들 사이에 은연중 자리잡게 되었다.

그래서 바울은 데살로니가교회를 향한 편지에 이렇게 권고

한다.

> 형제들아 우리 주 예수 그리스도의 이름으로 너희를 명하노
> 니 게으르게 행하고 우리에게서 받은 전통대로 행하지 아니
> 하는 모든 형제에게서 떠나라_살후 3:6

더 나아가 바울은 게으른 삶을 사는 자들을 향하여 한 단계
더 높여 강력하게 경고를 한다.

> 우리가 너희와 함께 있을 때에도 너희에게 명하기를 누구든지
> 일하기 싫어하거든 먹지도 말게 하라 하였더니_살후 3:10

그러나 바울이 이처럼 게으름에 관하여 경고를 하는 이유는
단순히 일을 하게 하는 데 목적이 있지 않다. 자신에게 주어
진 기본적인 일상에 대한 게으름은 곧 하나님에 대한 영적인
게으름으로 이어지기 때문이었다.

일상이 게으른 사람은 절대로 경건생활을 부지런히 할 수 없
다. 우리의 부지런한 일상은, 우리를 만드신 창조주 하나님을
기억하고 영화롭게 하는 일임과 동시에 부지런한 경건생활을

할 수 있는 기초가 된다.

기억하라. 우리가 그토록 좋아하고 닮고 싶어 하던 성경 속 그 어떤 인물도 게으르지 않았다. 우리 믿음의 선배들은 언제나 그들의 일상에서 부지런함을 유지하려 노력했고, 그 노력이 경건생활을 통해 하나님 앞에 성실함으로 나타났다.

함께 나누는 묵상

Q 나는 게으르다고 생각하는가? 그 이유는 무엇인가? (혹 그 반대라면 그렇지 않은 이유도 나누어 보자)

Q 매일 반복되는 일상이라 할지라도 어떻게 조금 더 구체적이고 체계적으로 시간을 보낼 수 있을지에 대한 '하루 생활 계획표'를 만들어 보고 서로 나누어 보자. (나눔을 하는 공동체원들과 지속적인 점검하기)

함께 기도하기

믿음의 선배들을 따라 하나님을 향한 성실함이 우리의 삶에 묻어나게
하시고, 하나님의 신실함으로 살아가게 하소서.

나의 기도제목

DAY 30

하나님을 이기다

이스라엘이라는 이름의 의미는, '하나님과 겨루어 이기다'는 뜻을
가지고 있다. 하나님은 자신이 야곱에게 져 주셨음에도 불구하고
그가 이긴 것처럼 여겨 주셨다. 단 하나의 이유로. 사랑하기 때문에.

자신을 죽이러 군사를 이끌고 달려오는 형 에서의 소식을 전해 들은 야곱은, 자신의 아내들과 자녀들 그리고 모든 재산을 앞세워 보내고 홀로 얍복강가 나루에 남았다. 이제 할 수 있는 일이라고는 그저 겸손히 기도하고 주어진 운명을 스스로 받아들이는 일뿐이었다.

그런데 그날 밤 어떤 낯선 사람이 야곱에게 다가왔다. 영문도 모른 채 두 사람은 뒤엉켜 씨름을 하게 되는데 야곱은 살아야겠다는 간절한 마음으로 자신이 붙잡은 그 사람을 이길 때까지 절대로 놓지 않았다.

야곱과 씨름을 하던 사람은 자신이 이기지 못함을 보고 야곱의 환도뼈(허벅지 관절)를 쳐서 그를 넘어뜨리고 승기를 잡았다(창 32:25 참고). 그리고 떠나려는 찰나 야곱은 그를 붙잡고 놓아주지 않았다.

야곱은 자신의 환도뼈가 어긋나기 전까지 힘으로 밀리지 않고 밤새 씨름을 하였던 것으로 보아 직감적으로 자신과 싸움

한 사람이 특별한 사람이었음을 깨달았다. 그러고는 자신을 축복해 줄 때까지 결단코 보내 줄 수 없다며 매달려 놓아 주지 않았다.

그 때 그 사람이 야곱에게 물었다.

"네 이름이 무엇이냐?"

야곱은 자신의 이름이 '야곱'이라 답을 했다. 그 이름에 담겨 있는 의미는 '속이는 자, 사기꾼, 발뒤꿈치를 잡는 자'이다. 그때 야곱과 밤이 새도록 씨름한 그가 야곱의 이름을 바꾸어 준다. '이스라엘'

이스라엘이라는 이름의 의미는, '하나님과 겨루어 이기다'는 뜻을 가지고 있다. 야곱이 하나님과 겨루어 이겼다는 뜻이다. 그런데 정말 야곱이 하나님을 이길 수 있는 존재인가? 결코 그렇지 않다. 사람은 하나님과 겨루어 이길 수 없다.

그럼에도 하나님은 야곱에게 져 주셨다. 마치 할아버지와 세 살 난 손자의 팔씨름처럼 말이다. 거뜬히 이기고도 남는 힘을 가지고 있지만 손자가 너무 예뻐 힘없이 넘어가 주는 그런 사랑이 하나님과 야곱의 씨름 안에 담겨 있었다.

하나님은 자신이 야곱에게 져 주셨음에도 불구하고 그가 이긴 것처럼 여겨 주셨다. 단 하나의 이유로. 사랑하기 때문에.

함께 나누는 묵상

Q 당신의 이름의 뜻은 무엇인가? 당신은 그 의미대로 잘 살아 내고 있는가?

Q 풀리지 않는 문제에 있어서 하나님과 힘겨루기를 해 본 경험이 있는가? 하나님 앞에 여전히 포기하지 못하는 나의 고집은 무엇인가?

함께 기도하기

우리의 삶의 문제들 앞에서 우리의 힘으로 하나님을 이기려 하지 않고, 하나님께서 우리를 사랑하심으로 져 주시는 은혜를 누리게 하소서.

나의 기도제목

DAY 31
염려를
이겨 내는 방법

바울은 우리가 염려 가운데 하나님께 기도하면 우리의 고민하는
상황이나 환경이 달라진다고 말하지 않았다. 불안하고 걱정스러운
상황 가운데 던져진 우리의 '마음'과 '생각'이 달라질 것이라 말한다.

아무것도 염려하지 말고 다만 모든 일에 기도와 간구로 너희 구할 것을 감사함으로 하나님께 아뢰라_빌 4:6

우리는 언제나 걱정과 염려가 많은 사람들이다. 아직 일어나지 않은 일들에 대한 불안감이 연약한 우리의 마음을 뒤흔들어 염려하게 만든다. 그런데 바울은 염려하고 걱정하는 우리에게 아주 단호하게 명령하며 선포하고 있다.

"아무것도 염려하지 말라."

바울이 이처럼 우리에게 자신 있게 염려하지 말라고 권면할수 있었던 이유는 무엇일까? 걱정 많은 이 세상을 살면서 실제로 염려하지 않을 수 있는 방법이 있기라도 한 걸까?

대답은 '그렇다.' 그런 방법이 있다는 말이다. 바울은 우리가 염려하지 않을 수 있는 유일한 방법을 '기도'라 말한다. 모든 일에 기도와 간구로 그리고 우리가 구할 것을 감사함으로 하나님께 아뢰라고 이야기한다.

그러면 어떤 일이 일어나는가?

> 그리하면 모든 지각에 뛰어난 하나님의 평강이 그리스도 예
> 수 안에서 너희 마음과 생각을 지키시리라_빌 4:7

만약 우리가 하나님께 기도하고 감사로 간구한다면, 하나님
의 평강이 우리의 마음과 생각을 지켜주신다고 하였다.

놀랍지 않은가? 불안하고 걱정이 많은 우리가 하나님께 기도
하고 간구할 때, 하나님께서 우리의 생각을 붙드신다는 사실
이 말이다.

"기도한다고 뭐가 달라져요? 나는 여전히 똑같던데. 여전히
힘들고 고통스러운데"라고 말하는 사람들이 있다. 바울은 우
리가 염려 가운데 하나님께 기도하면 우리의 고민하는 상황이
나 환경이 달라진다고 말하지 않았다. 불안하고 걱정스러운
상황 가운데 던져진 우리의 '마음'과 '생각'이 달라질 것이라 말
하고 있다.

우리는 언제나 상황과 환경에 초점이 맞춰져 있다. 그러나 하나님은 상황이 아니라 '사람'에게 초점이 맞춰져 있다. 이것이 감옥에 갇혀 사형선고를 받을지도 모르는 더 어렵고 힘든 상황에 처한 바울이 우리에게 던져 주는 메시지이다.

| 주 안에서 항상 기뻐하라 내가 다시 말하노니 기뻐하라_빌 4:4

함께 나누는 묵상

Q 지금 내가 처한 상황 중에서 가장 걱정되고 염려되는 일이 있다면 무엇인가?

Q 하나님께 감사하는 마음을 담아 기도할 때 나의 마음과 상황이 어떻게 변화되기를 기대하는가?

함께 기도하기

하나님을 신뢰하는 믿음이 인생의 문제 앞에 다가오는 염려들을 이겨
내게 하시고, 상황이 변하는 것보다 마음을 지킴으로 기쁨을 누리는 은
혜를 허락하소서.

나의 기도제목